C. Suetonius Tranquillus

Nero

Lateinisch / Deutsch

Übersetzt und herausgegeben
von Marion Giebel

W0089320

Philipp Reclam jun. Stuttgart

RECLAMS UNIVERSAL-BIBLIOTHEK Nr. 6692
Alle Rechte vorbehalten
© 1978 Philipp Reclam jun. GmbH & Co. KG, Stuttgart
Durchgesehene und bibliographisch ergänzte Ausgabe 2001
Gesamtherstellung: Reclam, Ditzingen. Printed in Germany 2011
RECLAM, UNIVERSAL-BIBLIOTHEK und
RECLAMS UNIVERSAL-BIBLIOTHEK sind eingetragene Marken
der Philipp Reclam jun. GmbH & Co. KG, Stuttgart
ISBN 978-3-15-006692-8

www.reclam.de

C. Suetoni Tranquilli
De Vita Caesarum
Liber VI
Nero

Die Kaiserviten des
C. Suetonius Tranquillus
6. Buch
Nero

1 (1) Ex gente Domitia duae familiae claruerunt, Calui-
norum et A⟨h⟩enobarborum. A⟨h⟩enobarbi auctorem
originis itemque cognominis habent L. Domitium, cui
rure quondam reuertenti iuuenes gemini augustiore forma
ex occursu imperasse traduntur, nuntiaret senatui ac populo uictoriam, de qua incertum adhuc erat; atque in fidem
maiestatis adeo permulsisse malas, ut e nigro rutilum
aerique adsimilem capillum redderent. quod insigne mansit
et in posteris eius, ac magna pars rutila barba fuerunt. (2)
functi autem consulatibus septem, triumpho censuraque
duplici et inter patricios adlecti perseuerauerunt omnes in
eodem cognomine. ac ne praenomina quidem ulla praeter-
quam Gnaei et Luci usurparunt; eaque ipsa notabili
uarietate, modo continuantes unum quodque per trinas
personas, modo alternantes per singulas. nam primum se-
cundumque ac tertium A⟨h⟩enobarborum Lucios, sequen-
tis rursus tres ex ordine Gnaeos accepimus, reliquos non
nisi uicissim tum Lucios tum Gnaeos. pluris e familia
cognosci referre arbitror, quo facilius appareat ita de-
generasse a suorum uirtutibus Nero, ut tamen uitia cuiusque quasi tradita et ingenita ret⟨t⟩ulerit.
2 (1) Ut igitur paulo altius repetam, atauus eius Cn. Do-

1 (1) Aus dem Geschlecht der Domitier haben zwei Familien Berühmtheit erlangt, die Calvini und die Ahenobarbi. Die Ahenobarbi leiten ihre Familie wie auch ihren Beinamen von Lucius Domitius her. Dieser kam einmal vom Feld zurück, so erzählt man, und da begegneten ihm zwei junge Männer, ein Zwillingspaar von majestätischer Gestalt. Sie befahlen ihm, dem Senat und Volk einen Sieg zu melden, über den man bis jetzt noch nichts Sicheres wußte.[1] Als Zeichen ihrer Göttlichkeit berührten sie seine Wange, und sogleich wurde sein bisher schwarzes Haar rötlichschimmernd wie Erz. Diese Besonderheit vererbte sich auch auf seine Nachkommen; viele von ihnen hatten einen roten Bart. (2) Auch als die Mitglieder der Familie bereits siebenmal das Konsulat innegehabt, zweimal den Triumph gefeiert, zweimal das Zensoramt bekleidet hatten und unter die Patrizier aufgenommen worden waren, behielten sie alle weiterhin den gleichen Beinamen. Sie hatten auch keine anderen Vornamen außer Gnaeus und Lucius, und es mag erwähnenswert sein, in welcher Reihenfolge sie diese jeweils gaben: Einmal erhielten nämlich drei nacheinander geborene Kinder den gleichen Namen, und dann wechselte man wieder bei jedem einzelnen. Denn wie wir wissen, hießen der erste, zweite und dritte Ahenobarbus immer Lucius, die nächsten drei wurden Gnaeus genannt und die folgenden wieder abwechselnd Lucius und Gnaeus. Ich glaube, es ist gut, wenn ich den Leser hier mit einigen Mitgliedern der Familie näher bekannt mache. Dann wird es sich noch deutlicher zeigen, daß Nero zwar ein entarteter Sproß seiner Familie war, was deren Tugenden anging, daß er aber doch alle ihre Laster sozusagen als Erbe der Familientradition getreulich weiterpflegte.

2 (1) Ich will also etwas weiter ausholen. Gnaeus Domitius,

mitius in tribunatu pontificibus offensior, quod alium
quam se in patris sui locum cooptassent, ius sacerdotum
subrogandorum a collegiis ad populum transtulit; at in
consulatu Allobrogibus Aruernisque superatis elephanto
per prouinciam uectus est turba militum quasi inter sollemnia triumphi prosequente. (2) in hunc dixit Licinius
Crassus orator non esse mirandum, quod aeneam barbam
haberet, cui os ferreum, cor plumbeum esset. huius filius
praetor C. Caesarem abeuntem consulatu, quem aduersus
auspicia legesque gessisse existimabatur, ad disquisitionem
senatus uocauit; mox consul imperatorem ab exercitibus
Gallicis retrahere temptauit successorque ei per factionem
nominatus principio ciuilis belli ad Corfinium captus est.
(3) unde dimissus Massiliensis obsidione laborantis cum
aduentu suo confirmasset, repente destituit acieque demum
Pharsalica occubuit; uir neque satis constans et ingenio
truci in desperatione rerum mortem timore appetitam ita
expauit, ut haustum uenenum paenitentia euomuerit medi-
cumque manumiserit, quod sibi prudens ac sciens minus
noxium temperasset. consultante autem Cn. Pompeio de

der Großvater seines Urgroßvaters, hatte als Volkstribun einen Groll gegen die Pontifices, denn diese hatten
ihn nicht zum Amtsnachfolger an die Stelle seines verstorbenen Vaters gewählt. Daher entzog er den Priester-
kollegien das Recht der Nachwahl und übertrug es an das
Volk. Als er Konsul war, besiegte er die Allobroger und
Arverner.[2] Da zog er gar auf einem Elefanten durch die
Provinz und ließ sich wie bei einem Triumphzug von
einer Abteilung Soldaten eskortieren. (2) Von ihm hat der
Redner Licinius Crassus gesagt, es sei kein Wunder, daß er
einen erzfarbenen Bart besitze, er habe ja auch eine eherne
Stirn und ein Herz so hart wie Blei. Dessen Sohn[3] wie-
derum war es, der als Prätor im Namen des Senats ein
Untersuchungsverfahren gegen C. Julius Caesar einleitete.
Das war zu der Zeit, als Caesars Amtsperiode als Konsul
abgelaufen war. Die Begründung lautete, er habe sein
Konsulat wider göttliches und menschliches Recht ausgeübt.
Der gleiche Domitius unternahm dann als Konsul einen
Vorstoß, um Caesar den Oberbefehl über seine Heere in
Gallien zu entziehen. Er wurde von der Senatspartei zu
seinem Nachfolger ernannt und geriet zu Beginn des Bür-
gerkriegs bei Corfinium in Gefangenschaft. (3) Wieder
freigelassen, ging er nach Massilia und bestärkte dadurch
die hart belagerten Massilier in ihrem Widerstand. Er
ließ sie aber unvermutet wieder im Stich und fiel schließlich in der Schlacht von Pharsalos. Er war ein Mann, der
nicht genügend Standhaftigkeit und einen heftigen Charakter besaß. Einmal war er soweit, daß er in banger Aus-
weglosigkeit den Tod suchte, und dann schauderte er wieder davor zurück, so sehr, daß er seinen Sinn änderte, das
bereits eingenommene Gift wieder von sich gab und seinem
Arzt die Freiheit schenkte; denn dieser kannte ihn und
hatte ihm daher in weiser Voraussicht eine nicht tödlich
wirkende Dosis verabreicht.[4] Aber damals, als Gnaeus
Pompeius die Frage zur Debatte gestellt hatte, wie man
die Neutralen behandeln solle, die keiner Partei Unter-

mediis ac neutram partem sequentibus solus censuit ho-
stium numero habendos.
3 (1) Reliquit filium omnibus gentis suae procul dubio
praeferendum. is inter conscios Caesarianae necis quamquam insons damnatus lege Pedia, cum ad Cassium Bru-
tumque se propinqua sibi cognatione iunctos contulisset,
post utriusque interitum classem olim commissam retinuit,
auxit etiam, nec nisi partibus ubique profligatis M. Antonio sponte et ingentis meriti loco tradidit. (2) solusque
omnium ex iis, qui pari lege damnati erant, restitutus in
patriam amplissimos honores percucurrit; ac subinde red-
integrata dissensione ciuili, eidem Antonio legatus, delatam sibi summam imperii ab iis, quos Cleopatrae pudebat,
neque suscipere neque recusare fidenter propter subitam
ualitudinem ausus, transiit ad Augustum et in diebus paucis
obiit, nonnulla et ipse infamia aspersus. nam Antonius
eum desiderio amicae Seruiliae Naidis transfugisse iac-
tauit.
4 (1) Ex hoc Domitius nascitur, quem emptorem familiae
pecuniaeque in testamento Augusti fuisse mox uulgo nota-
tum est, non minus aurigandi arte in adulescentia clarus
quam deinde ornamentis triumphalibus ex Germanico bello.
uerum arrogans, profusus, immitis censorem L. Plancum

stützung gewährt hatten, da war er es gewesen, der als einziger dafür stimmte, sie seien als Feinde anzusehen.
3 (1) Er hinterließ einen Sohn, der ganz ohne Zweifel vor sämtlichen Mitgliedern seiner Familie den Vorzug verdient. Er gehörte zu den Verschworenen gegen Caesar, und obwohl er an der Tat selbst nicht beteiligt gewesen war, traf ihn der Bannstrahl des Pedischen Gesetzes.[5] Er begab sich ins Lager von Brutus und Cassius, mit denen ihn nahe Verwandtschaft verband. Nach dem Tode beider behauptete er sich im Besitz der Flotte – zu deren Kommandanten war er zuvor ernannt worden –, ja er verstärkte sogar noch ihre Geschwader. Erst als seine Partei auf allen Kriegsschauplätzen vernichtend geschlagen war, ergab er sich freiwillig dem Marcus Antonius. Das rechnete man ihm als hohes Verdienst an: (2) Als einziger von allen, die unter das gleiche Gesetz fielen, durfte er in die Heimat zurückkehren. Dort hatte er die höchsten Ehrenämter der Reihe nach inne. Als später erneut der Bürgerkrieg ausbrach, war er Stabsoffizier desselben Marcus Antonius. Aus dem Kreise derer, die sich der Kleopatra schämten, wurde ihm der Oberbefehl angetragen; mit Rücksicht auf eine plötzliche Erkrankung wagte er jedoch weder, ihn anzunehmen, noch ihn offen auszuschlagen. Er ging vielmehr zu Augustus über und starb wenige Tage darauf, freilich nicht, ohne daß auch auf ihn ein Makel fiel. Antonius ließ nämlich überall verbreiten, er sei nur aus Sehnsucht nach seiner Geliebten Servilia Nais zum Überläufer geworden.
4 (1) Das war der Vater des Domitius, den Augustus in seinem Letzten Willen zum Testamentsvollstrecker[6] bestimmt hatte, was man später allgemein als bedeutungsvolles Zeichen ansah. In seiner Jugend waren es die Künste des Wagenlenkens, später die Triumphalinsignien aus dem Germanenkrieg, die ihn berühmt machten. Dabei war er jedoch anmaßend, verschwenderisch und schroff in seinem Wesen. Er zwang einmal den Zensor Lucius Plancus, obwohl er selbst nur

uia sibi decedere aedilis coegit; praeturae consulatusque honore equites R. matronasque ad agendum mimum produxit
in scaenam. uenationes et in circo et in omnibus urbis
regionibus dedit, munus etiam gladiatorium, sed tanta
saeuitia, ut necesse fuerit Augusto clam frustra monitum
edicto coercere. **5** (1) Ex Antonia maiore patrem Neronis
procreauit omni parte uitae detestabilem, siquidem comes
ad Orientem C. Caesaris iuuenis, occiso liberto suo, quod
potare quantum iubebatur recusarat, dimissus e cohorte
amicorum nihilo modestius uixit; sed et in uiae Appiae
uico repente puerum citatis iumentis haud ignarus obtriuit
et Romae medio foro cuidam equiti R. liberius iurganti
oculum eruit; (2) perfidiae uero tantae, ut non modo
argentarios pretiis rerum coemptarum, sed et in praetura
mercede palmarum aurigarios fraudauerit, notatus ob haec
et sororis ioco ⟨...⟩ querentibus dominis factionum re-
praesentanda praemia in posterum sanxit. maiestatis quoque
et adulteriorum incestique cum sorore Lepida sub excessu
Tiberi reus, mutatione temporum euasit decessitque Pyrgis
morbo aquae intercutis, sublato filio Nerone ex Agrippina
Germanico genita.

Ädil war, ihm auf der Straße auszuweichen. Als Prätor
und Konsul ließ er römische Ritter und Damen des Adels
in einem vulgären Possenspiel öffentlich auftreten. Tier-
hetzen veranstaltete er im Circus und auf allen Plätzen
der Stadt, ebenso auch einen Gladiatorenkampf. Dabei ging
es so grausam zu, daß sich Augustus genötigt sah, Domitius
durch ein Edikt zu maßregeln, nachdem eine private Ver-
warnung erfolglos geblieben war. 5 (1) Von der älteren
Antonia[7] hatte er einen Sohn, der später der Vater des
Nero wurde, ein ganz und gar verabscheuenswerter
Mensch. Als er damals im Stabe des jungen Gaius Caesar[8] in den Orient unterwegs war, erschlug er einen
seiner Freigelassenen, nur weil dieser sich geweigert hatte, so viel zu trinken, wie ihm befohlen worden war.
Daraufhin wurde er aus dem Gefolge entlassen, legte sich
aber darum keinerlei Mäßigung auf. Gleich auf der Rückreise überfuhr er nämlich in einem Dorf an der Via Appia
einen Knaben, indem er in einer plötzlichen Laune mit
voller Absicht sein Gespann vorwärtspeitschte. Und in
Rom schlug er mitten auf dem Forum einem römischen
Ritter ein Auge aus, weil dieser ihm offen Vorhaltungen
gemacht hatte. (2) Dazu war er noch ein solcher Betrüger,
daß er nicht nur den Bankiers das Geld für die Ankäufe
vorenthielt, die sie in seinem Namen getätigt hatten, er be-
trog sogar in seiner Eigenschaft als Prätor die Wagenlenker
um ihre Siegespreise. Seine Schwester verspottete ihn deshalb in der Öffentlichkeit [. . .][9], und die Leiter der Renn-
gesellschaften erhoben Beschwerde. Daraufhin setzte er von
Amts wegen fest, daß die Siegespreise in Zukunft sofort
bar ausgezahlt werden sollten.[10] Auch wegen Majestätsbeleidigung, Ehebruch und wegen Blutschande mit seiner
Schwester [Domitia] Lepida wurde er angeklagt. Das war
gegen Ende der Regierungszeit des Tiberius, und infolge
des Thronwechsels gelang es ihm, zu entschlüpfen. Er starb
in Pyrgi an der Wassersucht und hinterließ einen Sohn,
Nero, dessen Mutter Agrippina, die Tochter des Germanicus, war.

6 (1) Nero natus est Anti post VIIII. mensem quam Tiberius excessit, XVIII. Kal. Ian. tantum quod exoriente
sole, paene ut radiis prius quam terra contingeretur. de
genitura eius statim multa et formidulosa multis coiectan-
tibus praesagio fuit etiam Domiti[i] patris uox, inter gra-
tulationes amicorum negantis quicquam ex se et Agrippina nisi detestabile et malo publico nasci potuisse. (2)
eiusdem futurae infelicitatis signum euidens die lustrico
extitit; nam C. Caesar, rogante sorore ut infanti quod
uellet nomen daret, intuens Claudium patruum suum, a
quo mox principe Nero adoptatus est, eius se dixit dare,
neque ipse serio sed per iocum et aspernante Agrippina,
quod tum Claudius inter ludibria aulae erat.
(3) Trimulus patrem amisit; cuius ex parte tertia heres,
ne hanc quidem integram cepit correptis per coheredem
Gaium uniuersis bonis. et subinde matre etiam relegata
paene inops atque egens apud amitam Lepidam nutritus
est sub duobus paedagogis saltatore atque tonsore. uerum
Claudio imperium adepto non solum paternas opes reci-
perauit, sed et Crispi Passieni uitrici sui hereditate ditatus
est. (4) gratia quidem et potentia reuocatae restitutaeque
matris usque eo floruit, ut emanaret in uulgus missos a
Messalina uxore Claudi[i], qui eum meridiantem, quasi
Britannici aemulum, strangularent. additum fabulae eosdem

6 (1) Nero wurde in Antium geboren, und zwar neun Monate nach dem Tode des Tiberius. Es war der 15. Dezember [37 v. Chr.], und die Sonne ging gerade auf. So kam er eher mit ihren Strahlen als mit der Erde in Berührung.[11] Über die Konstellation bei seiner Geburt erging man sich allenthalben sogleich in allen möglichen Unheilsprognosen. Zu diesen zählte man auch einen Ausspruch seines Vaters Domitius. Auf die Glückwünsche seiner Freunde hatte dieser erwidert, ein Geschöpf von ihm und Agrippina könne nur ein Scheusal und eine Pest für den Staat sein. (2) Auf einen künftigen Unheilsbringer wies auch ein Zeichen an seinem Lustraltag.[12] Auf Bitten seiner Schwester sollte Gaius Caesar [Caligula] dem Kind einen Namen geben. Dieser blickte auf seinen Onkel Claudius, den späteren Kaiser, der Nero dann adoptierte, und sagte, er gäbe ihm dessen Namen. Das meinte er aber nicht ernst, er machte nur Spaß, und Agrippina war auch nicht damit einverstanden, denn Claudius war damals das allgemeine Gespött am Hofe.[13]

(3) Mit drei Jahren verlor Nero den Vater. Dieser hatte ihm nur ein Drittel seines Vermögens vermacht, und auch dieses erhielt er nicht ganz, denn sein Miterbe Gaius hatte die gesamte Hinterlassenschaft an sich gerissen. Als es später soweit kam, daß seine Mutter in die Verbannung gehen mußte,[14] wurde er so gut wie mittellos und unversorgt bei seiner Tante Lepida erzogen, und zwar von zwei Erziehern, einem Tänzer und einem Barbier. Als aber Claudius auf den Thron gelangte, erhielt Nero nicht nur sein väterliches Vermögen zurückerstattet, er wurde sogar reich, da er seinen Stiefvater Crispus Passienus beerbte. (4) Nachdem seine Mutter aus dem Exil zurückgekehrt war, festigte sich durch ihren mächtigen Einfluß seine Stellung so sehr, daß man sich im Volk erzählte, Messalina, die Gemahlin des Claudius, habe Leute ausgeschickt, die Nero während seiner Mittagsruhe erwürgen sollten. Sie betrachte ihn nämlich als Rivalen [ihres Sohnes] Bri-

dracone e puluino se proferente conterritos refugisse.
quae fabula exorta est deprensis in lecto eius circum cerui-
calia serpentis exuuiis; quas tamen aureae armillae ex
uoluntate matris inclusas dextro brachio gestauit aliquam-
diu ac taedio tandem maternae memoriae abiecit rursusque
extremis suis rebus frustra requisiit.

7 (1) Tener adhuc necdum matura pueritia circensibus
ludis Troiam constantissime fauorabiliterque lusit. undeci-
mo aetatis anno a Claudio adoptatus est Annaeoque Sene-
cae iam tunc senatori in disciplinam traditus. ferunt Senecam proxima nocte uisum sibi per quietem C. Caesari prae-
cipere, et fidem somnio Nero breui fecit prodita immani-
tate naturae quibus primum potuit experimentis. namque
Britannicum fratrem, quod se post adoptionem A⟨h⟩eno-
barbum ex consuetudine salutasset, ut subditiuum apud
patrem arguere conatus est. amitam autem Lepidam ream
testimonio coram afflixit gratificans matri, a qua rea
premebatur.

(2) Deductus in forum tiro populo congiarium, militi
donatiuum proposuit indictaque decursione praetorianis
scutum sua manu praetulit; exin patri gratias in senatu
egit. apud eundem consulem pro Bononiensibus Latine, pro

tannicus. Dieser Geschichte fügte man noch hinzu, die
Mörder hätten vor Schreck die Flucht ergriffen, als eine
Schlange unter dem Polster hervorgekrochen sei.[15] Das ging
darauf zurück, daß man einmal in Neros Bett unter dem
Kopfkissen eine abgestreifte Schlangenhaut gefunden hatte.
Diese ließ er auf Anraten seiner Mutter in einem goldenen
Armband fassen und trug sie lange Zeit am rechten Arm.
Als ihm das Andenken an seine Mutter schließlich leid
war, warf er das Armband weg, und später, in der Be-
drängnis seiner letzten Lebenstage, suchte er vergeblich wie-
der danach.

7 (1) Er war fast noch ein Kind, noch kaum im Jugend-
lichenalter, da nahm er bei den Vorstellungen im Circus
am Trojaspiel[16] teil, und zwar mit höchster Ausdauer und
von Beifall umrauscht. Mit elf Jahren wurde er von [Kai-
ser] Claudius adoptiert. Seine Erziehung wurde Annaeus
Seneca[17] übertragen, der damals bereits Senator war. Man
erzählt, Seneca habe in der folgenden Nacht geträumt,
er sei der Lehrer eines Caligula geworden, und Nero tat
bald alles, um diesen Traum Wirklichkeit werden zu lassen. Denn er nahm sogleich jede Gelegenheit wahr, um
seine grausame Natur unter Beweis zu stellen. Sein
Stiefbruder Britannicus hatte ihn nach seiner Adoption
aus Gewohnheit einmal mit dem Namen Ahenobarbus ge-
grüßt, und daraufhin versuchte er seinem Vater einzureden,
Britannicus sei ein untergeschobenes Kind. Als seine Tante
Lepida vor Gericht stand, trat er öffentlich als Belastungs-
zeuge auf. Damit wollte er seiner Mutter einen Gefallen
tun, die Lepida durch einen Prozeß ruinieren wollte.

(2) Bei seiner Einführung ins öffentliche Leben kündigte
er dem Volk kostenlose Getreiderationen und den Soldaten ein Geldgeschenk an. Er ließ die Prätorianer exerzieren
und kommandierte dabei selbst mit dem Schild in der
Hand. Anschließend hielt er im Senat seinem Vater eine
Dankrede. Während dieser das Konsulat bekleidete, trat
er als Anwalt auf und hielt sein Plädoyer für die Ein-

Rhodis atque Iliensibus Graece uerba fecit. auspicatus est
et iuris dictionem praefectus urbi sacro Latinarum, cele-
berrimis patronis non tralaticias, ut assolet, et breuis, sed
maximas plurimasque postulationes certatim ingerentibus,
quamuis interdictum a Claudio esset. nec multo post duxit
uxorem Octauiam ediditque pro Claudi salute circenses et
uenationem.

8 (1) Septemdecim natus annos, ut de Claudio palam
factum est, inter horam sextam septimamque processit ad
excubitores, cum ob totius diei diritatem non aliud auspi-
candi tempus accommodatius uideretur; proque Palati
gradibus imperator consalutatus lectica in castra et inde
raptim appellatis militibus in curiam delatus est discessi-
tque iam uesperi, ex immensis, quibus cumulabatur, hono-
ribus tantum patris patriae nomine recusato propter
aetatem.

9 (1) Orsus hinc a pietatis ostentatione Claudium appa-
ratissimo funere elatum laudauit ⟨et⟩ consecrauit. memoriae Domiti[i] patris honores maximos habuit. matri
summam omnium rerum priuatarum publicarumque permisit. primo etiam imperii die signum excubanti tribuno
dedit optimam matrem ac deinceps eiusdem saepe lectica
per publicum simul uectus est. Antium coloniam deduxit
ascriptis ueteranis e praetorio additisque per domicilii

wohner von Bononia auf lateinisch und das für die Rhodier
und die Bürger von Ilion in griechischer Sprache. Sein erstes
Auftreten als Richter erfolgte während des Latinerfestes[18],
als er gerade Stadtpräfekt war. Dabei wetteiferten die
berühmtesten Anwälte untereinander, ihm nicht wie üblich
nur Bagatellfälle, die auf einen Blick zu entscheiden waren,
vorzutragen, sie legten ihm vielmehr höchst bedeutsame
Rechtsstreitigkeiten in großer Anzahl vor, obwohl Claudius
dies untersagt hatte. Wenig später ging er auch die Ehe
mit Octavia[19] ein und veranstaltete für Leben und Gesund-
heit des Claudius Spiele und eine Tierhetze im Circus.

8 (1) Als das Ableben des Claudius offiziell bekanntge-
macht worden war, begab sich der inzwischen siebzehnjäh-
rige Nero erst um die Mittagsstunde hinaus zur Palastwache. Da nämlich der ganze Tag ein Unglückstag war,
galt dies noch als einigermaßen günstiger Zeitpunkt, um die
Herrschaft anzutreten.[20] Nero wurde auf der Freitreppe
des Palastes als Imperator begrüßt und ließ sich in einer
Sänfte zuerst ins Prätorianerlager tragen, wo er eine
kurze Ansprache an die Soldaten hielt, und dann in die
Kurie. Von dort kehrte er erst gegen Abend zurück; man
hatte ihn mit maßlosen Ehrenbezeugungen überhäuft, von
denen er nur den Titel »Vater des Vaterlandes« zurück-
gewiesen hatte – seiner Jugend wegen.

9 (1) Er begann seine Regierung, indem er seine Sohnes-
treue vor aller Augen demonstrierte: Er veranstaltete ein
prunkvolles Begräbnis für Claudius, hielt ihm die Lob-
rede und erhob ihn unter die Götter. Dem Gedächtnis
seines Vater Domitius erwies er die höchsten Ehren. Die
Leitung der privaten und öffentlichen Angelegenheiten
überließ er ganz seiner Mutter. Auch gab er am ersten
Tag seiner Regierung dem Tribunen, der die Palastwache
befehligte, als Parole »Die beste aller Mütter« und zeigte
sich dann auch häufig mit ihr in ihrer Sänfte der Öffentlichkeit. In Antium gründete er eine Kolonie aus Veteranen der Prätorianergarde und verstärkte sie noch, indem

translationem ditissimis primipilarium; ubi et portum ope-
ris sumptuosissimi fecit.

10 (1) Atque ut certiorem adhuc indolem ostenderet, ex
Augusti praescripto imperaturum se professus, neque libe-
ralitatis neque clementiae, ne comitatis quidem exhibendae
ullam occasionem omisit. grauiora uectigalia aut aboleuit
aut minuit. praemia delatorum Papiae legis ad quartas
redegit. diuisis populo uiritim quadringenis nummis sena-
torum nobilissimo cuique, sed a re familiari destituto annua salaria et quibusdam quingena constituit, item praetorianis cohortibus frumentum menstruum gratuitum. (2)
et cum de supplicio cuiusdam capite damnati ut ex more
subscriberet admoneretur: ›quam uellem‹, inquit, ›nescire
litteras‹. omnis ordines subinde ac memoriter salutauit.
agenti senatui gratias respondit: ›cum meruero.‹ ad campe-
stres exercitationes suas admisit et plebem declamauitque
saepius publice; recitauit et carmina, non modo domi sed
et in theatro, tanta uniuersorum laetitia, ut ob recitationem
supplicatio decreta sit eaque pars carminum aureis litteris
Ioui Capitolino dicata.

11 (1) Spectaculorum plurima et uaria genera edidit:
iuuenales, circenses, scaenicos ludos, gladiatorium munus.
iuuenalibus senes quoque consulares anusque matronas recepit ad lusum. circensibus loca equiti secreta a ceteris

er die reichsten Hauptleute dorthin verlegte. Er ließ dort auch mit ungeheurem Kostenaufwand einen Hafen erbauen.

10 (1) Um seine Gesinnung noch deutlicher zu zeigen, erklärte er öffentlich, daß er nach den politischen Grundsätzen des Augustus regieren wolle, und ließ keine Gelegenheit ungenutzt, seine Freigebigkeit, seine Milde, ja selbst sein leutseliges Wesen ins rechte Licht zu rücken. Die drückendsten Steuern schaffte er entweder ganz ab oder ermäßigte sie. Wer Übertretungen des Papischen Gesetzes[21] anzeige, sollte nur noch den vierten Teil der ihm zustehenden Prämie erhalten. An das Volk verteilte er pro Kopf 400 Sesterzen[22] und setzte allen Senatoren von altem Adel, die mittellos geworden waren, eine Jahresrente aus. Diese belief sich bei einigen auf 500 000 Sesterzen. Ebenso erhielten die Prätorianer die monatliche Getreideration umsonst. (2) Und als man ihn aufforderte, dem Herkommen gemäß seinen Namen unter ein Todesurteil zu setzen, rief er aus: »O hätte ich doch nie schreiben gelernt!« Leute aus allen Ständen grüßte er aus dem Gedächtnis mit Namen. Als ihm der Senat einmal seinen Dank abstatten wollte, antwortete er: »Erst, wenn ich es mir verdient habe.«[23] Wenn er auf dem Marsfeld am Exerzieren teilnahm, durfte auch das Volk zuschauen; er hielt öfters rhetorische Übungen in der Öffentlichkeit, er rezitierte Gedichte, und zwar nicht nur zu Hause, sondern auch im Theater. Darüber gerieten alle Anwesenden dermaßen in Begeisterung, daß man ihm wegen eines solchen Vortrags einmal ein Dankfest zuerkannte und die betreffenden Verse in goldenen Lettern dem kapitolinischen Jupiter weihte.

11 (1) Schauspiele gab er sehr häufig, und zwar alle möglichen: die Juvenalien[24] sowie Circusvorstellungen, Theaterstücke und Gladiatorenkämpfe. Bei den Juvenalien ließ er sogar ergraute ehemalige Konsuln und hochbetagte alte Damen auftreten. Bei den Circusspielen wies er den Rittern von den übrigen getrennte Sitzplätze an,[25] und er ließ so-

tribuit commisitque etiam camelorum quadrigas. (2) ludis, quos pro aeternitate imperii susceptos appellari maximos uoluit, ex utroque ordine et sexu plerique ludicras partes sustinuerunt; notissimus eques R. elephanto supersidens per catadromum decucurrit; inducta Afrani togata, quae ›Incendium‹ ⟨in⟩scribitur, concessumque ut scaenici ardentis domus supellectilem diriperent ac sibi haberent; sparsa et populo missilia omnium rerum per omnes dies: singula cotidie milia auium cuiusque generis, multiplex penus, tesserae frumentariae, uestis, aurum, argentum, gemmae, margaritae, tabulae pictae, mancipia, iumenta atque etiam mansuetae ferae, nouissime naues, insulae, agri. **12** (1) Hos ludos spectauit e proscaeni fastigio. munere, quod in amphitheatro ligneo regione Martii campi intra anni spatium fabricato dedit, neminem occidit, ne noxiorum quidem. exhibuit autem ad ferrum etiam quadringentos senatores sescentosque equites Romanos et quosdam fortunae atque existimationis integrae, ex isdem ordinibus confectores quoque ferarum et uaria harenae ministeria. exhibuit et naumachiam marina aqua innantibus beluis; item pyrrichas quasdam e numero epheborum, quibus post editam operam diplomata ciuitatis Romanae singulis optulit. (2) inter pyrricharum argumenta taurus Pasiphaam ligneo iuuencae simulacro abditam iniit, ut multi spectantium gar Wagenrennen mit Vierergespannen aus Kamelen abhalten. (2) Es gab auch Spiele, die für die ewige Dauer des Reiches veranstaltet wurden. Diese sollten nach seinem Willen die »Größten Spiele« heißen, und zahlreiche Personen aus dem Senatoren- und Ritterstand, Männer wie Frauen, übernahmen dabei Rollen. Ein allgemein bekannter römischer Ritter lief auf einem Elefanten über ein Drahtseil.[26] Man spielte auch die römische Komödie »Der Brand« des Afranius, und in diesem Stück durften die Schauspieler die Einrichtungsgegenstände des brennenden Hauses an sich nehmen und behalten. Auch wurden jedesmal alle möglichen Sachen als Geschenke ins Volk geworfen: Vögel aller Arten, tausend am Tag, verschiedener Proviant, Gutscheine für Lebensmittel und Bekleidung, für Gold, Silber, Perlen, Edelsteine, Bilder, Sklaven, Zugvieh und sogar für gezähmtes Wild, zuletzt auch für Schiffe, ganze Häuserblocks und Grundstücke. 12 (1) Diesen Spielen schaute er von einem erhöhten Proszeniumsplatz aus zu. Er veranstaltete auch einen Gladiatorenwettkampf in einem aus Holz erbauten Amphitheater, das er auf dem Marsfeld binnen eines Jahres hatte errichten lassen. Bei diesem Kampf ließ er nicht zu, daß auch nur einer getötet wurde, selbst von den verurteilten Verbrechern nicht. Dagegen ließ er aber 400 Senatoren und 600 römische Ritter im Schwertkampf auftreten, darunter Männer in geordneten Vermögensverhältnissen und von untadeligem Ruf. Ritter und Senatoren kämpften sogar mit den wilden Tieren und verrichteten verschiedene Dienste in der Arena. Er veranstaltete auch eine Seeschlacht in einem Bassin mit Meerwasser, in dem Meeresungeheuer herumschwammen. Auch gab es pantomimische Tänze[27], ausgeführt von einer Anzahl junger Leute aus dem griechischen Osten. Nach ihrer Darbietung verlieh er jedem einzelnen die Urkunde über das römische Bürgerrecht. (2) Bei diesen Tänzen wurde unter anderem dargestellt, wie ein Stier die Pasiphaë[28], die in einer aus Holz verfertigten Kuh eingeschlossen war, wirklich be-

crediderunt; Icarus primo statim conatu iuxta cubiculum
eius decidit ipsumque cruore respersit. nam perraro praesi-
dere, ceterum accubans, paruis primum foraminibus, deinde
toto podio adaperto spectare consueuerat.
(3) Instituit et quinquennale certamen primus omnium
Romae more Graeco triplex, musicum gymnicum eque-
stre, quod appellauit Neronia; dedicatisque thermis atque
gymnasio senatui quoque et equiti oleum praebuit. magi-
stros toto certamini praeposuit consulares sorte, sede praetorum. deinde in orchestram senatumque descendit et ora-
tionis quidem carminisque Latini coronam, de qua honestis-
simus quisque contenderat, ipsorum consensu concessam
sibi recepit, citharae autem a iudicibus ad se delatam
adorauit ferrique ad Augusti statuam iussit. (4) gymnico,
quod in Saeptis edebat, inter buthysiae apparatum barbam
primam posuit conditamque in auream pyxidem et pre-
tiosissimis margaritis adornatam Capitolio consecrauit. ad
athletarum spectaculum inuitauit et uirgines Vestales, quia
Olympiae quoque Cereris sacerdotibus spectare concedi-
tur.
13 (1) Non immerito inter spectacula ab eo edita et Tiri-
datis in urbem introitum ret⟨t⟩ulerim. quem Armeniae re-

gattete. Jedenfalls waren viele Zuschauer davon überzeugt. Ein Ikarus stürzte gleich bei seinem ersten Flugversuch neben Neros Loge nieder und bespritzte ihn mit seinem Blut. Nero pflegte nämlich nur ganz selten den Vorsitz zu führen, gewöhnlich lag er in seiner Loge und schaute anfangs nur durch kleine Löcher im Vorhang zu, später ließ er den Balkon ganz öffnen.

(3) Er führte auch als erster einen Agon in Rom ein, der alle 5 Jahre stattfand und nach griechischer Sitte dreigeteilt war: Er umfaßte musische und athletische Wettkämpfe sowie Wagenrennen und erhielt den Namen Neronia. Auch stiftete er Thermen und ein Gymnasium und lieferte den Senatoren und Rittern unentgeltlich das Öl dazu.[29] Für den gesamten Ablauf des Wettstreits ließ er durch das Los aus den Reihen der ehemaligen Konsuln Kampfrichter wählen, die den erhöhten Sitz der Prätoren einnehmen durften.[30] Dann begab er sich in die Orchestra hinab zu den Senatoren und nahm den Siegeskranz für römische Redekunst und Dichtung in Empfang. Die größten Könner auf diesem Gebiet hatten darum gestritten, doch nun erkannten sie selbst diesen Preis einstimmig dem Kaiser zu. Den Siegeskranz für das Kitharaspiel[31] überbrachten ihm die Preisrichter ebenfalls, er befahl jedoch mit einer Geste der Verehrung, ihn zu Füßen der Augustusstatue niederzulegen. (4) Die sportlichen Wettbewerbe fanden in den Saepten[32] statt. Dabei ließ er sich während eines feierlichen Rinderopfers zum ersten Mal den Bart abnehmen. Dieser wurde in einem goldenen Futteral aufbewahrt, das mit den kostbarsten Perlen besetzt war, und als Weihgeschenk auf dem Kapitol niedergelegt. Zu den Athletenwettkämpfen lud er auch die Vestalischen Jungfrauen ein, denn in Olympia ist es den Priesterinnen der Ceres ja ebenfalls erlaubt, zuzuschauen.[33]

13 (1) Ich kann wohl mit einigem Recht auch den Einzug des Königs Tiridates[34] unter die Schauspiele rechnen, die Nero gegeben hat. Er hatte den König durch große Ver-

gem magnis pollicitationibus sollicitatum, cum destinato
per edictum die ostensurus populo propter nubilum distulis-
set, produxit quo oportunissime potuit, dispositis circa fori
templa armatis cohortibus, curuli residens apud rostra
triumphantis habitu inter signa militaria atque uexilla. (2)
et primo per deuexum pulpitum subeuntem admisit ad ge-
nua adleuatumque dextra exosculatus est, dein precanti
tiara deducta diadema inposuit, uerba supplicis interpre-
tata praetorio uiro multitudini pronuntiante; perductum
inde in theatrum ac rursus supplicantem iuxta se latere
dextro conlocauit. ob quae imperator consalutatus, laurea
in Capitolium lata, Ianum geminum clausit, tamquam
nullo residuo bello.

14 (1) Consulatus quattuor gessit: primum bimenstrem,
secundum et nouissimum semenstres, tertium quadrimen-
strem; medios duos continuauit, reliquos inter annua
spatia uariauit.

15 (1) In iuris dictione postulatoribus nisi sequenti die ac
per libellos non temere respondit. cognoscendi morem eum
tenuit, ut continuis actionibus omissis singillatim quaeque
per uices ageret. quotiens autem ad consultandum secederet,

sprechungen dazu gebracht, aus Armenien nach Rom zu kommen. An dem dafür festgesetzten Tag, der eigens durch ein Edikt bekanntgegeben worden war, konnte er ihn aber dem Volk nicht vorführen, denn es herrschte starker Nebel. Daher verschob er das Ganze und inszenierte den Auftritt an einem günstigeren Tag. Vor allen öffentlichen Gebäuden, die an das Forum angrenzten, waren Prätorianerkohorten in voller Rüstung aufgestellt. Nero selbst thronte im Gewand eines Triumphators auf dem kurulischen Stuhl neben den Rostra, umgeben von Feldzeichen und Standarten. (2) Zuerst schritt der König die Estrade hinauf, Nero gestattete ihm huldvoll den Kniefall, hob ihn dann mit der Rechten auf und begrüßte ihn mit einem Kuß. Darauf trug der König seine Bitte um Gnade vor, und währenddessen nahm ihm Nero die Tiara ab und setzte ihm das Diadem auf.[35] Gleichzeitig übersetzte ein ehemaliger Prätor die Worte des Bittstellers und machte sie der Zuschauermenge bekannt. Anschließend brachte man den Armenierkönig ins Theater[36], dieser wiederholte sein Gnadengesuch, und Nero wies ihm den Platz an seiner Rechten an. Dafür rief man Nero zum Imperator aus, er legte seinen Lorbeerkranz auf dem Kapitol nieder und ließ beide Pforten des Janustempels schließen, als Zeichen dafür, daß es keinen Krieg mehr gebe.

14 (1) Das Konsulat hatte er viermal inne[37], das erste zwei Monate lang, das zweite sowie das letzte sechs Monate und das dritte vier Monate. Die beiden mittleren Amtsperioden folgten unmittelbar aufeinander, bei den übrigen ließ er jeweils ein Jahr dazwischen verstreichen.

15 (1) Als Richter war er sehr zögernd mit seinem Urteil; er gab es immer erst am folgenden Tag und nur schriftlich den Parteien bekannt. Die Verhandlungen nahmen bei ihm folgenden Verlauf: Anstatt zusammenfassender Plädoyers ließ er die Parteien abwechselnd über jeden Punkt einzeln zu Worte kommen. Wenn er sich dann zur Be-

neque in commune quicquam neque propalam deliberabat,
sed et conscriptas ab uno quoque sententias tacitus ac
secreto legens, quod ipsi libuisset perinde atque pluribus
idem uideretur pronuntiabat.

(2) In curiam libertinorum filios diu non admisit; admissis
a prioribus principibus honores denegauit. candidatos, qui
supra numerum essent, in solacium dilationis ac morae
legionibus praeposuit. consulatum in senos plerumque menses dedit. defunctoque circa Kal. Ian. altero e consulibus
neminem substituit improbans exemplum uetus Canini Re-
bili uno die consulis. triumphalia ornamenta etiam quae-
storiae dignitatis et nonnullis ex equestri ordine tribuit
nec utique de causa militari. de quibusdam rebus orationes
ad senatum missas praeterito quaestoris officio per consulem plerumque recitabat.

16 (1) Formam aedificiorum urbis nouam excogitauit et
ut ante insulas ac domos porticus essent, de quarum sola-
riis incendia arcerentur; easque sumptu suo extruxit. desti-
narat etiam Ostia tenus moenia promouere atque inde fossa
mare ueteri urbi inducere.

(2) Multa sub eo et animaduersa seuere et coercita nec

ratung zurückzog, besprach er sich nicht gemeinschaftlich mit seinen Beisitzern und diskutierte auch nicht offen mit ihnen. Er ließ sich vielmehr von jedem einzelnen seine Meinung schriftlich geben und las sie schweigend für sich. Dann formulierte er das Urteil so, wie es ihm beliebte, und erweckte dabei den Anschein, als sei dies die Meinung der Mehrheit.

(2) Söhne von Freigelassenen nahm er lange Zeit nicht in den Senat auf. Diejenigen, die von früheren Kaisern zugelassen worden waren, durften keine Ehrenämter übernehmen. Die überzähligen Kandidaten für ein öffentliches Amt machte er zu Legionskommandanten, um sie über ihre Zurückstellung und die Wartezeit hinwegzutrösten. Das Konsulat vergab er meist für sechs Monate. Als aber einmal der eine Konsul kurz vor dem 1. Januar gestorben war, ließ er keinen zweiten Konsul nachwählen. Damit wollte er seiner Mißbilligung Ausdruck geben über das schlechte Beispiel, das Caninius Rebilus, der Vierundzwanzigstundenkonsul, in der Vergangenheit gegeben hatte.[38] Die Triumphalinsignien verlieh er auch Leuten, die nur quästorischen Rang hatten, ja sogar einigen aus dem Ritterstand, und durchaus nicht immer für militärische Verdienste. Über verschiedene Vorgänge verfaßte er Memoranden und schickte sie an den Senat. Dort ließ er sie in der Regel unter Umgehung des Quästors, dessen Aufgabe dies gewesen wäre, von einem der Konsuln verlesen.

16 (1) Für die Gebäude in Rom plante er eine Neugestaltung der Häuserfronten: Vor allen Wohnblocks und Privathäusern sollten Kolonnaden angelegt werden, damit man von den flachen Dächern dieser Vorhallen aus Brände bekämpfen könnte. Er ließ sie auf eigene Kosten erbauen.[39] Es war sogar seine Absicht gewesen, die Stadtmauer bis nach Ostia vorzuschieben und von dort aus das Meer in einem Kanal bis nach Rom zu leiten.

(2) Zahlreiche strenge Verbote und Zwangsmittel wurden

minus instituta: adhibitus sumptibus modus; publicae cenae ad sportulas redactae; interdictum ne quid in popinis cocti praeter legumina aut holera ueniret, cum antea nullum non obsonii genus proponeretur; afflicti suppliciis Christiani, genus hominum superstitionis nouae ac maleficae; uetiti quadrigariorum lusus, quibus inueterata licentia passim uagantibus fallere ac furari per iocum ius erat; pantomimorum factiones cum ipsis simul relegatae.

17 (1) Aduersus falsarios tunc primum repertum, ne tabulae nisi pertusae ac ter lino per foramina traiecto obsignarentur; cautum ut testamentis primae duae cerae testatorum modo nomine inscripto uacuae signaturis ostenderentur, ac ne qui alieni testamenti scriptor legatum sibi ascriberet; item ut litigatores pro patrociniis certam iustamque mercedem, pro subsellis nullam omnino darent praebente aerario gratuita; utque rerum actu ab aerario causae ad forum ac reciperatores transferrentur et ut omnes appellationes a iudicibus ad senatum fierent.

18 (1) Augendi propagandique imperii neque uoluntate ulla neque spe motus umquam, etiam ex Britannia dedu-

unter seiner Regierung wieder in Kraft gesetzt und ebenso auch neue eingeführt. Der Aufwand wurde begrenzt, und die öffentlichen Speisungen wurden auf die Austeilung von Lebensmittelrationen beschränkt. Der Verkauf gekochter Speisen in den Ladenschenken wurde verboten, nur Gemüse und Hülsenfrüchte waren ausgenommen, während früher alle möglichen Gerichte angeboten werden durften. Mit dem Tode bestraft wurden die Christen, eine Sekte mit einem neuartigen und gemeingefährlichen Aberglauben.[40] Verboten wurden auch die Vergnügungen der Wagenlenker, die aus jahrelanger Duldung das Recht herleiteten, sich zu bestimmten Zeiten in der Stadt herumzutreiben und sich einen Spaß daraus zu machen, die Leute hereinzulegen und zu bestehlen. Die Pantomimenschauspieler und ihre Parteigänger verbannte er.[41]

17 (1) Damals wurde auch eine neue Maßnahme getroffen, um sich gegen Testamentsfälscher zu schützen: Man verwendete ausschließlich gelochte Täfelchen, durch die man einen dreifachen Faden zog und dann das Siegel daraufsetzte.[42] Man stellte sicher, daß bei Testamenten die beiden ersten Seiten nur den Namen der Testamentsvollstrecker enthalten und sonst leer sein sollten, wenn man sie den Zeugen zum Unterschreiben zeigte.[43] Auch sollte niemand, der ein Testament für einen anderen niederschrieb, darin für sich selbst ein Legat aussetzen dürfen. Desgleichen wurde festgesetzt, daß die Klienten ihren Anwälten eine nach oben hin begrenzte, aber angemessene Summe zu zahlen hatten.[44] Für die Richter brauchte jedoch nichts gezahlt zu werden, das übernahm die Staatskasse. Schließlich sollten die Steuerprozesse nicht mehr vor den Vorstehern des Aerariums verhandelt, sondern ans Forum und an den Rekuperatorengerichtshof verwiesen werden. Alle Berufungen gegen ihren Richterspruch sollten an den Senat gehen.[45]

18 (1) Das Reich zu vergrößern und weiter auszudehnen lag völlig außerhalb seiner Wünsche und Vorstellungen, ja er spielte sogar mit dem Gedanken, die Truppen aus

cere exercitum cogitauit, nec nisi uerecundia, ne obtrectare
parentis gloriae uideretur, destitit. Ponti modo regnum
concedente Polemone, item Alpium defuncto Cottio in
prouinciae formam redegit.

19 (1) Peregrinationes duas omnino suscepit, Alexandri-
nam et Achaicam; sed Alexandrina ipso profectionis die
destitit turbatus religione simul ac periculo. nam cum
circumitis templis in aede Vestae resedisset, consurgenti ei
primum lacinia obhaesit, dein tanta oborta caligo est, ut
dispicere non posset. (2) in Achaia Isthmum perfodere
adgressus praetorianos pro contione ad incohandum opus
cohortatus est tubaque signo dato primus rastello humum
effodit et corbulae congestam umeris extulit. parabat et
ad Caspias portas expeditionem conscripta ex Italicis se-
num pedum tironibus noua legione, quam Magni Alexandri
phalanga appellabat.

(3) Haec partim nulla reprehensione, partim etiam non
mediocri laude digna in unum contuli, ut secernerem a
probris ac sceleribus eius, de quibus dehinc dicam.

20 (1) Inter ceteras disciplinas pueritiae tempore imbutus
et musica, statim ut imperium adeptus est, Terpnum
citharoedum uigentem tunc praeter alios arcessiit diebusque
continuis post cenam canenti in multam noctem assidens
paulatim et ipse meditari exercerique coepit neque eorum

Britannien abzuziehen. Nur die Scheu, dem Ruhme seines Stiefvaters Abbruch zu tun, hielt ihn davor zurück. Das Königreich Pontus, das Polemon freiwillig abtrat, und das des verstorbenen Cottius in den Alpen[46] waren die einzigen Provinzen, die er hinzuerwarb.

<u>19</u> (1) Reisen in andere Länder unternahm er überhaupt nur zwei, eine nach Alexandria und eine nach Griechenland. Die Reise nach Alexandria gab er jedoch noch am Tag der Abreise auf,[47] da ihn gefahrdrohende Vorzeichen in Schrecken versetzten. Denn als er zum Abschied der Reihe nach die Tempel besuchte, hatte er sich im Vestaheiligtum niedergesetzt, und als er aufstehen wollte, blieb er erst mit einem Zipfel der Toga hängen, dann wurde es ihm so schwarz vor den Augen, daß er nichts mehr sehen konnte. (2) In Griechenland ging er daran, den Isthmus[48] zu durchstechen. Er versammelte die Prätorianer und hieß sie, Hand anzulegen. Auf ein Trompetensignal hin tat er den ersten Spatenstich, warf die Erde in einen Korb und trug ihn auf seinen Schultern weg. Er traf auch Vorbereitungen zu einem Heereszug an die Kaspische Pforte.[49] Dazu hob er eine neue Legion aus, die Rekruten waren Italiker, die eine Größe von sechs Fuß[50] hatten; er nannte sie die Phalanx Alexanders des Großen.

(3) Das bisher Berichtete verdient zum Teil keinen Tadel, zum Teil sogar ausgesprochenes Lob. Ich habe es deshalb hier zu einem Abschnitt zusammengefaßt, weil ich es von Neros Schandtaten und Verbrechen trennen will, von denen ich jetzt zu sprechen habe.[51]

20 (1) Zu den Künsten und Wissenschaften, mit denen er sich in seiner Kindheit befaßt hatte, gehörte auch die Musik. Sogleich nach seiner Thronbesteigung ließ er den Kitharasänger[52] Terpnus, der damals alle anderen Künstler seines Faches überragte, an seinen Hof kommen. Dieser mußte ihm zunächst Tag für Tag nach der Tafel bis in die späte Nacht hinein vorsingen. Dann begann er nach und nach selbst, diese Kunst zu studieren und sich darin zu

quicquam omittere, quae generis eius artifices uel conse-
ruandae uocis causa uel augendae factitarent; sed et plum-
beam chartam supinus pectore sustinere et clystere uomituque
purgari et abstinere pomis cibisque officientibus; donec blan-
diente profectu, quamquam exiguae uocis et fuscae, prodire
in scaenam concupiit, subinde inter familiares Graecum
prouerbium iactans occultae musicae nullum esse respectum.
(2) et prodit Neapoli primum ac ne concusso quidem repente
motu terrae theatro ante cantare destitit, quam incohatum
absolueret nomen. ibidem saepius et per complures cantauit
dies; sumpto etiam ad reficiendam uocem breui tempore,
impatiens secreti a balineis in theatrum transiit mediaque in
orchestra frequente populo epulatus, si paulum subbibisset,
aliquid se sufferti tinniturum Graeco sermone promisit. (3)
captus autem modulatis Alexandrinorum laudationibus, qui
de nouo commeatu Neapolim confluxerant, plures Alexandria euocauit. neque eo segnius adulescentulos equestris
ordinis et quinque amplius milia e plebe robustissimae
iuuentutis undique elegit, qui diuisi in factiones plausuum
genera condiscerent – bombos et imbrices et testas uoca-
bant – operamque nauarent cantanti sibi, insignes pinguis-
sima coma et excellentissimo cultu, pu[e]ri ac sine anulo

üben. Dabei unterließ er nichts von alledem, was die Virtuosen dieses Faches zur Erhaltung oder Kräftigung ihrer Stimme anstellen. Er legte sich auf den Rücken mit Bleiplatten auf der Brust, er sorgte für die innere Reinigung durch Klistiere und Brechmittel, er aß kein Obst und keine Speisen, die der Stimme schaden konnten. Seine Stimme blieb zwar schwach und rauh[53], er war jedoch von seinen Fortschritten zu guter Letzt so begeistert, daß ihn der Ehrgeiz packte, sich auf der Bühne zu zeigen. Daher zitierte er unter seinen Freunden und Bekannten immer wieder beiläufig das griechische Sprichwort, Musik, die wie ein Blümlein im Verborgenen blühe, sei nichts wert.[54] (2) So gab er also sein Debüt in Neapel,[55] und selbst ein plötzlicher Erdstoß, der das Theater erzittern ließ, konnte ihn nicht abhalten: Er sang das Stück, das er angefangen hatte, zu Ende. Dort trat er öfters auf, auch an mehreren Tagen hintereinander, und gönnte sich auch nur kurze Ruhe, um seiner Stimme Zeit zur Erholung zu geben. Aber er konnte die Zurückgezogenheit nicht ertragen, und so begab er sich von den Bädern wieder ins Theater und speiste mitten in der Orchestra vor versammeltem Volke. Diesem kündigte er in griechischer Sprache an, wenn er seine Kehle erst ein wenig geölt habe, wolle er einen volltönenden Gesang erschallen lassen. (3) Er war ganz hingerissen von dem rhythmischen Beifallklatschen der Alexandriner, die von der eben eingetroffenen Getreideflotte in großer Zahl nach Neapel gekommen waren. Er beorderte daraufhin noch mehr Leute aus Alexandria herbei. Damit nicht genug, heuerte er auch noch junge Männer aus dem Ritterstand und über 5000 besonders handfeste Burschen aus dem Volk an, die in einzelnen Gruppen die verschiedenen Arten der Beifallskundgebung einstudieren mußten: Die Alexandriner nannten das »Bienengesumm«, »Dachziegelpoltern« und »Fliesenklappern«.[56] Diese Leute hatten sich bei seinen Auftritten tüchtig ins Zeug zu legen; sie fielen auf durch ihr sorgfältig frisiertes Haar und ihre elegante

laeuis, quorum duces quadringena milia sestertia mere-
bant.
21 (1) Cum magni aestimaret cantare etiam Romae, Neroneum agona ante praestitutam diem reuocauit flagitanti-
busque cunctis caelestem uocem respondit quidem in hortis
se copiam uolentibus facturum, sed adiuuante uulgi preces
etiam statione militum, quae tunc excubabat, repraesen-
taturum se pollicitus est libens; ac sine mora nomen suum
in albo profitentium citharoedorum iussit ascribi sorticula-
que in urnam cum ceteris demissa intrauit ordine suo, simul praefecti praetorii citharam sustinentes, post tribuni
militum iuxtaque amicorum intimi. (2) utque constitit,
peracto principio, ›Niobam‹ se cantaturum per Cluuium
Rufum consularem pronuntiauit et in horam fere decimam
perseuerauit coronamque eam et reliquam certaminis partem in annum sequentem distulit, ut saepius canendi oc-
casio esset. quod cum tardum uideretur, non cessauit identidem se publicare. dubitauit etiam an priuatis spectaculis
operam inter scaenicos daret quodam praetorum sestertium
decies offerente. (3) tragoedias quoque cantauit personatus
heroum deorumque, item heroidum ac dearum, personis
effectis ad similitudinem oris sui et feminae, prout quam-
que diligeret. inter cetera cantauit ›Canac[h]en parturien-
tem‹, ›Oresten matricidam‹, ›Oedipodem excaecatum‹, ›Her-

Kleidung. Die jungen Ritter hatten sogar ihren Ritterring
an der Linken zum Beifallklatschen abgelegt. Ihre Anführer kassierten jeder 400 000 Sesterzen.

21 (1) Da ihm sehr viel daran gelegen war, auch in Rom
als Gesangskünstler aufzutreten, verlegte er den Termin der
Neronischen Spiele vor, und als er von aller Welt be-
stürmt wurde, seine göttliche Stimme hören zu lassen, gab
er zur Antwort, er werde in seinen Parkanlagen diesem
Wunsche willfahren. Als jedoch auch die wachhabende Abteilung der Prätorianergarde die Bitten des Volkes unter-
stützte, erklärte er sich nur zu gerne zu einem öffentlichen
Auftritt bereit. Unverzüglich ließ er seinen Namen noch
ins Verzeichnis der Sänger eintragen, die sich bereits ge-
meldet hatten. Er warf wie die übrigen sein Los in die
Urne und betrat, als die Reihe an ihn kam, die Bühne.
Die Präfekten der Garde begleiteten ihn und trugen die
Kithara, es folgten die Militärtribunen und mit ihnen
seine vertrautesten Freunde. (2) Sobald er seinen Platz
eingenommen und die Eingangsworte gesprochen hatte,
ließ er durch den ehemaligen Konsul Cluvius Rufus be-
kanntgeben, er wolle die »Niobe« singen, und das tat er
dann bis in die späten Nachmittag hinein. Die Sieger-
ehrung und den Rest des Wettbewerbs verschob er auf
das folgende Jahr, damit er noch häufiger Gelegenheit
habe, öffentlich zu singen. Das dauerte ihm aber dann
doch zu lange, und so reihte sich eine Vorstellung an die
andere. Er überlegte sogar, ob er im allgemeinen Theater-
betrieb[57] mit Berufsschauspielern zusammen auftreten solle;
ein Prätor hatte ihm nämlich eine Million Sesterzen dafür
geboten. (3) Bei Tragödien trat er in Kostüm und Maske auf,
als Heros und Gott wie auch als Heroine und Göttin; die
Masken der Heroen und Götter mußten seine Züge tragen,
während die der Heroinen und Göttinnen seiner jeweiligen
Geliebten zu gleichen hatten. Unter anderem spielte er
»Die Niederkunft der Canace«[58], »Orest der Muttermörder«, »Der geblendete Ödipus«, »Der rasende Herakles«.

culem insanum‹. in qua fabula fama est tirunculum militem
positum ad custodiam aditus, cum eum ornari ac uinciri
catenis, sicut argumentum postulabat, uideret, accurrisse
ferendae opis gratia.
22 (1) Equorum studio uel praecipue ab ineunte aetate
flagrauit plurimusque illi sermo, quanquam uetaretur, de
circensibus erat; et quondam tractum prasini agitatorem inter condiscipulos querens, obiurgante paedagogo, de Hectore
se loqui ementitus est. sed cum inter initia imperii eburneis
quadrigis cotidie in abaco luderet, ad omnis etiam minimos
circenses e secessu commeabat, primo clam, deinde propalam, ut nemini dubium esset eo die utique affuturum. (2)
neque dissimulabat uelle se palmarum numerum ampliari;
quare spectaculum multiplicatis missibus in serum protra-
hebatur, ne dominis quidem iam factionum dignantibus
nisi ad totius diei cursum greges ducere. mox et ipse
aurigare atque etiam spectari saepius uoluit positoque in
hortis inter seruitia et sordidam plebem rudimento uniuersorum se oculis in circo maximo praebuit, aliquo liberto
mittente mappam unde magistratus solent. (3) nec conten-
tus harum artium experimenta Romae dedisse, Achaiam, ut
diximus, petit hinc maxime motus. instituerant ciuitates,

In diesem Stück soll folgendes passiert sein: Ein Rekrut, der noch nicht lange im Dienst war, stand am Bühneneingang Wache und sah, wie der Kaiser, der Handlung des Dramas entsprechend, zurechtgemacht und mit Ketten gefesselt wurde. Daraufhin stürzte er eilends herbei, um ihm Hilfe zu leisten.

22 (1) Ein leidenschaftlicher Pferdeliebhaber war er schon von frühester Jugend an. Sein Hauptgesprächsstoff waren die Rennen im Circus, und da halfen auch Verbote nichts. Als er einmal ganz betrübt mit seinen Mitschülern darüber sprach, daß ein Fahrer von der Grünen Partei beim Rennen geschleift worden war, rügte ihn sein Lehrer deswegen. Da redete er sich heraus, er habe von Hektor gesprochen.[59] In den ersten Jahren seiner Regierung spielte er auf seinem Spieltisch tagtäglich Wagenrennen mit kleinen Viergespannen aus Elfenbein. Zu sämtlichen Rennen, auch den unbedeutendsten, kam er von seinen Landhäusern her angereist. Im Anfang hielt er seine Besuche noch geheim, später kam er ganz offen, so daß jedermann sicher sein konnte, daß er an diesen Tagen in Rom war. (2) Er machte auch gar kein Hehl daraus, daß er noch mehr Siegespalmen zu verteilen wünschte. Daher zogen sich die Renntage wegen der Zunahme der Rennen jeweils bis zum Abend hin, und die Rennleiter fanden es lohnender, ihre Leute überhaupt nur für Ganztagesrennen herzugeben. Bald bekam er selber Lust, ein Viergespann zu lenken und sich sogar so oft wie möglich dabei öffentlich zu zeigen. Seine ersten Übungsfahrten machte er in seinen Parkanlagen vor Sklaven und gemeinem Volk, aber dann präsentierte er sich der Öffentlichkeit im Circus Maximus. Einer seiner Freigelassenen senkte die Startflagge an der Stelle, an der die Beamten dies zu tun pflegten. (3) Er gab sich aber nicht damit zufrieden, Proben seines Könnens auf diesen Gebieten in Rom zu geben, nach Griechenland wollte er, wie wir bereits erwähnt haben.[60] Dabei gab folgendes den Ausschlag: Die Städte, in denen regelmäßig musische Agone stattfan-

apud quas musici agones edi solent, omnes citharoedorum
coronas ad ipsum mittere. eas adeo grate recipiebat, ut
legatos, qui pertulissent, non modo primos admitteret, sed
etiam familiaribus epulis interponeret. a quibusdam ex his
rogatus ut cantaret super cenam, exceptusque effusius,
solos scire audire Graecos solosque se et studiis suis dignos
ait. nec profectione dilata, ut primum Cassiopen traiecit,
statim ad aram Iouis Cassii cantare auspicatus certamina
deinceps obiit omnia.

23 (1) Nam et quae diuersissimorum temporum sunt, cogi
in unum annum, quibusdam etiam iteratis, iussit et Olympiae quoque praeter consuetudinem musicum agona commisit. ac ne quid circa haec occupatum auocaret detinere-
ue, cum praesentia eius urbicas res egere a liberto Helio
admoneretur, rescripsit his uerbis: ›quamuis nunc tuum
consilium sit et uotum celeriter reuerti me, tamen suadere
et optare potius debes, ut Nerone dignus reuertar.‹

(2) Cantante eo ne necessaria quidem causa excedere theatro licitum est. itaque et enixae quaedam in spectaculis
dicuntur et multi taedio audiendi laudandique clausis op-
pidorum portis aut furtim desiluisse de muro aut morte

den, hatten den Beschluß gefaßt, sämtliche Siegespreise für
Gesang zur Kithara an ihn zu senden. Er nahm sie mit
solcher Dankbarkeit entgegen, daß er die Gesandten, die
sie ihm überbrachten, nicht nur als erste zur Audienz zu-
ließ, er lud sie sogar im engen Kreise zur Tafel ein. Einige
von ihnen trugen ihm die Bitte vor, er möge doch nach
Tisch etwas singen, und nahmen seinen Vortrag mit solchen
Beifallsstürmen auf, daß er erklärte: »Die Griechen sind
die einzigen, die etwas von Musik verstehen, und die einzigen, die meiner Kunst würdig sind.« Und so trat er auf
der Stelle seine Reise an, und als er in Kassiope[61] gelan-
det war, begann er sogleich seine Gesangstournee, indem
er vor dem Altar des Jupiter Cassius Gesänge vortrug.
Dann machte er sich daran, sämtliche Festspiele der Reihe
nach zu besuchen.[62]

23 (1) Daher befahl er, daß auch die Spiele, die zu einem
ganz anderen Zeitpunkt an der Reihe waren, in ein und
dasselbe Jahr verlegt werden sollten. So kam es, daß
manche zweimal hintereinander gefeiert werden mußten.
In Olympia veranstaltete er gegen jedes Herkommen auch
einen musischen Agon. Und damit man ihn ja nicht ab-
beriefe oder störte, während er sich seinen künstlerischen
Aufgaben widmete, sandte er ein Schreiben an seinen
Freigelassenen Helius. Dieser hatte ihn nämlich erinnert,
daß die politischen Verhältnisse in Rom seine Anwesenheit
erforderten. Nero schrieb an ihn: »Du magst mir zwar
raten und wünschen, daß ich rasch zurückkehre, du solltest
es jedoch viel eher als deine Pflicht ansehen, mir zuzureden
und den Wunsch auszusprechen, daß ich eines Nero würdig
zurückkehre.«

(2) Während er sang, durfte niemand – selbst aus triftigem
Grund – das Theater verlassen. Daher erzählt man, Frauen
hätten während der Spiele Kinder zur Welt gebracht und
viele, die es satt hatten, ihn anzuhören und zu bejubeln,
seien heimlich von der Mauer gesprungen – die Tore waren
nämlich verschlossen – oder sie stellten sich tot und ließen

simulata funere elati. quam autem trepide anxieque cer-
tauerit, quanta aduersariorum aemulatione, quo metu iudi-
cum, uix credi potest. aduersarios, quasi plane condicionis
eiusdem, obseruare, captare, infamare secreto, nonnumquam ex occursu maledictis incessere ac, si qui arte prae-
cellerent, conrumpere etiam solebat. (3) iudices autem prius
quam inciperet reuerentissime adloquebatur, omnia se fa-
cienda fecisse, sed euentum in manu esse Fortunae; illos ut
sapientis et doctos uiros fortuita debere excludere; atque,
ut auderet hortantibus, aequiore animo recedebat, ac ne sic
quidem sine sollicitudine, taciturnitatem pudoremque quo-
rundam pro tristitia et malignitate arguens suspectosque
sibi dicens. 24 (1) In certando uero ita legi oboediebat, ut
numquam excreare ausus sudorem quoque frontis brachio
detergeret; atque etiam in tragico quodam actu, cum elap-
sum baculum cito resumpsisset, pauidus et metuens ne ob
delictum certamine summoueretur, non aliter confirmatus
est quam adiurante hypocrita non animaduersum id inter
exultationes succlamationesque populi. uictorem autem se
ipse pronuntiabat; qua de causa et praeconio ubique con-
tendit. ac ne cuius alterius hieronicarum memoria aut
uestigium extaret usquam, subuerti et unco trahi abicique

sich als Leichen abtransportieren. Dabei erscheint es kaum glaubhaft, mit welchem Zittern und Zagen er immer die Bühne betrat, wie verbissen er versuchte, es seinen Mitbewerbern gleichzutun, und wie groß seine Furcht vor den Richtern war. Seine Gegner behandelte er, als stünden sie völlig auf einer Stufe mit ihm; er war höflich zu ihnen und suchte ihre Gunst zu gewinnen. Hinter ihrem Rücken schwärzte er sie an, zuweilen warf er ihnen auch Schimpfworte an den Kopf, wenn er sie traf, und suchte die besten Künstler unter ihnen zu bestechen. (3) An die Richter wandte er sich gewöhnlich zu Beginn seines Auftritts mit höchst respektvollen Worten: Er habe alles getan, was zu tun sei, der Ausgang sei jedoch vom Walten des Zufalls abhängig. Freilich seien sie als Männer von Weisheit und Kunstverstand berufen, alles Zufällige auszuschließen. Wenn er ihn dann aufforderten, er solle nur guten Mutes sein, zeigte er sich zuversichtlicher. Aber selbst dann war die ängstliche Besorgnis nicht von ihm genommen, er legte einigen ihre Schweigsamkeit und Zurückhaltung als Verdrossenheit und Feindseligkeit aus und erklärte, sie erregten seinen Argwohn. 24 (1) Während seines Vortrags hielt er sich so streng an die Regeln, daß er es niemals wagte, beim Räuspern auszuspucken, und um sich den Schweiß von der Stirn zu wischen, benutzte er wahrhaftig nur den Ärmel.[63] Und als ihm während einer Tragödienaufführung einmal das Zepter entfiel – er hob es ganz rasch wieder auf –, war er voller Angst und Bangen, daß er wegen dieses Verstoßes von dem Wettbewerb ausgeschlossen würde. Er beruhigte sich erst wieder, als ihm sein Partner[64] heilige Eide schwor, daß man in all dem Jubel und dem Beifallklatschen der Zuschauermenge überhaupt nichts davon bemerkt habe. Wenn er gewonnen hatte, rief er sich gewöhnlich selbst zum Sieger aus. Deshalb nahm er auch überall an den Heroldswettbewerben teil. Und damit von den anderen Siegern in den heiligen Spielen keine Erinnerung und keine Spur mehr bleibe, wurden auf seinen Befehl

in latrinas omnium statuas et imagines imperauit. (2) auri-
gauit quoque plurifariam, Olympiis uero etiam decemiu-
gem, quamuis id ipsum in rege Mithradate carmine quodam suo reprehendisset; sed excussus curru ac rursus repo-
situs, cum perdurare non posset, destitit ante decursum;
neque eo setius coronatus est. decedens deinde prouinciam
uniuersam libertate donauit simulque iudices ciuitate Ro-
mana et pecunia grandi. quae beneficia e medio stadio
Isthmiorum die sua ipse uoce pronuntiauit.
25 (1) Reuersus e Graecia Neapolim, quod in ea primum
artem protulerat, albis equis introiit disiecta parte muri, ut
mos hieronicarum est; simili modo Antium, inde Albanum,
inde Romam; sed et Romam eo curru, quo Augustus olim
triumphauerat, et in ueste purpurea distinctaque stellis
aureis chlamyde coronamque capite gerens Olympiacam,
dextra manu Pythiam, praeeunte pompa ceterarum cum
titulis, ubi et quos quo cantionum quoue fabularum argu-
mento uicisset; sequentibus currum ouantium ritu plauso-
ribus, Augustianos militesque se triumphi eius clamitanti-
bus. (2) dehinc diruto circi maximi arcu per Velabrum
forumque Palatium et Apollinem petit. incedenti passim

sämtliche Statuen und Porträtbüsten umgestürzt, mit
Haken weggezogen und in die Latrinen geschleift. (2) Als
Wagenlenker trat er an zahlreichen Wettkampfstätten auf,
in Olympia sogar mit einem Zehngespann. Und gerade
das hatte er dem König Mithridates einmal in einem selbst-
verfaßten Gedicht zum Vorwurf gemacht. Er wurde dabei aus dem Wagen geschleudert, man half ihm wieder
hinein, er konnte das Rennen jedoch nicht durchstehen,
sondern mußte vor dem Ziel aufgeben. Aber was tat's – er
wurde dennoch zum Sieger erklärt. Bei seiner Abreise
schenkte er der gesamten Provinz die Freiheit.[65] Den Preis-
richtern verlieh er das römische Bürgerrecht und machte
ihnen reiche Geldgeschenke. Diese Gunstbeweise gab er
am Tag der Isthmischen Spiele mitten im Stadion als sein
eigener Herold bekannt.

25 (1) Auf der Rückreise von Griechenland begab er sich
nach Neapel als dem Ort seines künstlerischen Debüts. Er
hielt seinen Einzug auf einem Wagen mit weißen Pferden,
und man riß vor ihm ein Stück der Stadtmauer ein, wie
dies beim Einzug von Festspielsiegern Sitte ist. Auf ähnliche Weise zog er in Antium ein, dann in Albanum und
schließlich in Rom. In Rom fuhr er auf dem gleichen
Wagen, den Augustus einst bei seinen Triumphen benutzt
hatte. Er war in ein Purpurgewand und einen mit goldenen
Sternen bestickten griechischen Mantel gekleidet. Den olympischen Siegeskranz trug er auf dem Haupt, in der Rechten
hielt er den pythischen, und die übrigen wurden ihm in
feierlichem Zug vorangetragen. Sie waren mit Inschriften versehen, auf denen stand, wo und gegen welche Gegner er
sie gewonnen hatte, dazu die Titel der Gesänge und der
Stücke. Hinter seinem Wagen folgte, ganz im Stil eines
Triumphzugs, die Truppe seiner Claqueure, die ausriefen,
sie seien die Augustianer und seine Triumpheskorte.[66] (2)
Dann ging der Zug weiter durch den Circus Maximus –
man hatte eigens einen Eingangsbogen niedergerissen –,
am Velabrum[87] vorbei zum Palatin und zum Tempel des

uictimae caesae sparso per uias identidem croco inge-
staeque aues ac lemnisci et bellaria. sacras coronas in cu-
biculis circum lectos posuit, item statuas suas citharoedico
habitu, qua nota etiam nummum percussit. (3) ac post haec
tantum afuit a remittendo laxandoque studio, ut conse-
ruandae uocis gratia neque milites umquam, nisi absens
aut alio uerba pronuntiante, appellaret neque quicquam
serio iocoue egerit, nisi astante phonasco, qui moneret
parceret arteriis ac sudarium ad os applicaret; multisque
uel amicitiam suam optulerit uel simultatem indixerit,
prout quisque se magis parciusue laudasset.
26 (1) Petulantiam, libidinem, luxuriam, auaritiam, crude-
litatem sensim quidem primo et occulte et uelut iuuenili
errore exercuit, sed ut tunc quoque dubium nemini foret
naturae illa uitia, non aetatis esse. post crepusculum statim adrepto pilleo uel galero popinas inibat circumque
uicos uagabatur ludibundus nec sine pernicie tamen, siquidem redeuntis a cena uerberare ac repugnantes uulnerare
cloacisque demergere assuerat, tabernas etiam effringere et
expilare; quintana domi constituta, ubi partae et ad lici-
tationem diuidendae praedae pretium absumeretur. (2) ac
saepe in eius modi rixis oculorum et uitae periculum adiit,

Apoll. Unterwegs wurden allenthalben Opfertiere ge-
schlachtet, die Straßen besprengte man unaufhörlich mit
Safranessenz, man warf ihm Singvögel, Bänder und Bonbons zu.[68] Die geweihten Siegeskränze stellte er in seinem
Schlafraum um sein Lager herum auf, ebenso die Statuen,
die ihn als Sänger zur Kithara zeigten. So ließ er sich
auch auf Münzen abbilden. (3) Nach alldem war er jedoch weit davon entfernt, sich auf seinen Lorbeeren aus-
zuruhen: Um seine Stimme zu schonen, schickte er seinen
Soldaten die Appelle entweder schriftlich oder ließ sie,
wenn er selbst anwesend war, von einem anderen halten.
Was er auch tat, ob bei offiziellen Anlässen oder zur Unterhaltung, er hatte stets einen Stimmpädagogen bei sich,
der ihn mahnen mußte, an seine Stimmbänder zu denken
und sich ein Tuch vor den Mund zu halten. Und ob er
jemandem seine Freundschaft oder seine Feindschaft ange-
deihen ließ, richtete sich in vielen Fällen danach, wie viel oder
wie wenig Beifall ihm der Betreffende gespendet hatte.

26 (1) Seine Unverschämtheit, seine sexuelle Gier, seine
Verschwendungssucht, Habgier und Grausamkeit zeigte er
vorerst nur hier und da und im geheimen, so als ob es sich
dabei um Jugendtorheiten handle. Doch konnte es schon
damals für niemanden einen Zweifel geben, daß dies
Charakterfehler und keine Jugendsünden seien. So zog er
sich gern, wenn es eben dunkel geworden war, eine Kappe
oder eine Perücke über und schlich sich in üble Kneipen,
durchstreifte die Gassen und trieb sein Spiel mit den
Leuten. Daraus konnte freilich auch Ernst werden, denn
er hatte die Gewohnheit, Leute, die von einer Gesellschaft
heimkehrten, zu verprügeln und sie bei Gegenwehr schwer-
verletzt in die Kloaken zu werfen, auch Läden aufzu-
brechen und auszuplündern. Er hatte hierfür in seinem
Hause einen Basar[69] eingerichtet, wo die Beute versteigert
und der Gewinn geteilt und durchgebracht wurde. (2) Bei
den Raufereien, die sich bei solchen Anlässen entspannen,
kam er mehrmals in Gefahr, ein Auge einzubüßen oder

a quodam laticlauio, cuius uxorem adtrectauerat, prope ad
necem caesus. quare numquam postea publico se illud ho-
rae sine tribunis commisit procul et occulte subsequenti-
bus. interdiu quoque clam gestatoria sella delatus in theatrum seditionibus pantomimorum e parte proscaeni superiore
signifer simul ac spectator aderat; et cum ad manus
uentum esset lapidibusque et subselliorum fragminibus
decerneretur, multa et ipse iecit in populum atque etiam
praetoris caput consauciauit.

27 (1) Paulatim uero inualescentibus uitiis iocularia et late-
bras omisit nullaque dissimulandi cura ad maiora palam
erupit.

(2) Epulas a medio die ad mediam noctem protrahebat,
refotus saepius calidis piscinis ac tempore aestiuo niuatis;
cenitabatque nonnumquam et in publico, naumachia prae-
clusa uel Martio campo uel circo maximo, inter scortorum
totius urbis et ambubaiarum ministeria. (3) quotiens
Ostiam Tiberi deflueret aut Baianum sinum praeternauiga-
ret, dispositae per litora et ripas deuersoriae tabernae para-
bantur insignes ganea[e] et matronarum institorio copas
imitantium atque hinc inde hortantium ut appelleret. indi-
cebat et familiaribus cenas, quorum uni mitellita qua-
dragies sestertium constitit, alteri pluris aliquanto rosa-
ria.

ernsthafte Verletzungen zu erleiden. Ein Mann aus dem Senatorenstande[70], dessen Ehefrau er sich unsittlich genähert hatte, schlug ihn halbtot. Deshalb wagte er sich in Zukunft niemals mehr um diese Zeit in die Öffentlichkeit, ohne daß ihm Militärtribunen heimlich von ferne folgten. Bei Tage ließ er sich ohne Aufsehen in einer geschlossenen Sänfte ins Theater tragen. Von seinem Platz im oberen Stock des Proszeniums sah er bei den wilden Streitigkeiten der Pantomimenschauspieler zu und feuerte sie an.[71] Wenn es dann zum Handgemenge kam und sie mit Steinen und Stuhlbeinen ihren Streit austrugen, dann schleuderte er selbst eine Menge Wurfgeschosse und traf einmal sogar einen Prätor und verletzte ihn schwer am Kopf.

27 (1) Seine verbrecherischen Neigungen gewannen jedoch immer mehr die Oberhand, und so ging er allmählich von heimlichen Bubenstreichen ganz offen zu schlimmen Schandtaten über und gab sich keinerlei Mühe mehr, diese zu verheimlichen.

(2) Seine Mahlzeiten zog er von Mittag bis Mitternacht hin. Dazwischen suchte er sich mehrmals durch warme und im Sommer durch eisgekühlte Bäder zu erfrischen. Zuweilen speiste er auch in der Öffentlichkeit, und zwar in einem Bassin, das zur Vorführung von Seeschlachten diente und für seine Zwecke mit Schranken umgeben war, entweder auf dem Marsfeld oder im Circus Maximus. Dabei ließ er sich von den Dirnen und Flötenspielerinnen aus ganz Rom bedienen. (3) Sooft er den Tiber hinab nach Ostia fuhr oder am Golf von Baiae vorübersegelte, waren am Ufer an bestimmten Stellen Pavillons aufgebaut, die zum Verweilen einluden und mit allem Tafelluxus ausgestattet waren. Vornehme Damen spielten die Wirtinnen und luden ihn bald hier, bald da zum Landen ein. Oft sagte er sich auch selbst bei seinen Freunden zur Tafel an, und einer hatte einmal ein Schlemmerbankett[72] auszurichten, das ihn 400 000 Sesterzen kostete. Ein anderer hatte für ein Gastmahl mit Rosenessenzen noch weit mehr auszugeben.

28 (1) Super ingenuorum paedagogia et nuptarum con-
cubinatus Vestali uirgini Rubriae uim intulit. Acten liber-
tam paulum afuit quin iusto sibi matrimonio coniungeret,
summissis consularibus uiris qui regio genere ortam
peierarent. puerum Sporum exectis testibus etiam in mu-
liebrem naturam transfigurare conatus cum dote et flam-
meo per sollemni⟨a⟩ nuptiarum celeberrimo officio deduc-
tum ad se pro uxore habuit; extatque cuiusdam non insci-
tus iocus bene agi potuisse cum rebus humanis, si Domitius pater talem habuisset uxorem. (2) hunc Sporum, Au-
gustarum ornamentis excultum lecticaque uectum, et circa
conuentus mercatusque Graeciae ac mox Romae circa
Sigillaria comitatus est identidem exosculans. nam matris
concubitum appetisse et ⟨ab⟩ obtrectatoribus eius, ne ferox
atque impotens mulier et hoc genere gratiae praeualeret,
deterritum nemo dubitauit, utique postquam meretricem,
quam fama erat Agrippinae simillimam, inter concubinas
recepit. olim etiam quotiens lectica cum matre ueheretur,
libidinatum inceste ac maculis uestis proditum affirmant.
29 (1) Suam quidem pudicitiam usque adeo prostituit, ut
contaminatis paene omnibus membris nouissime quasi genus lusus excogitaret, quo ferae pelle contectus emitteretur

28 (1) Nicht genug, daß er Verkehr mit freigeborenen Knaben und mit verheirateten Frauen hatte, er tat sogar einer Vestalin mit Namen Rubria Gewalt an. Die Freigelassene Acte hätte er beinahe zu seiner rechtmäßigen Gemahlin gemacht. Er hatte bereits Männer von konsularischem Rang dazu angestiftet, einen Meineid zu leisten, sie sei aus königlichem Hause. Den jungen Sporus ließ er entmannen und versuchte sogar eine Geschlechtsumwandlung vorzunehmen. Er stattete ihn mit einer Mitgift aus, ließ ihm den roten Brautschleier umlegen und vollzog mit ihm feierlich die Hochzeitszeremonien. Dann ließ er ihn in prächtigem Zug in seinen Palast geleiten und hielt ihn dort wie seine Gemahlin. Es existiert darüber heute noch der Ausspruch eines witzigen Zeitgenossen, der sagte, es wäre ein Segen für die Menschheit gewesen, wenn Neros Vater Domitius auch eine solche Frau gehabt hätte. (2) Diesen Sporus kleidete er in den Ornat der Kaiserinnen und ließ ihn in einer Sänfte herumtragen. Auf den Festversammlungen und Messen in Griechenland und bald auch in Rom auf dem Kunstmarkt[73] hatte er ihn bei sich und tauschte immer wieder zärtliche Küsse mit ihm. Es zweifelte sogar niemand daran, daß er blutschänderische Beziehungen zu seiner Mutter gesucht habe. Er sei nur durch deren Feinde davon abgeschreckt worden; sie machten ihm nämlich Angst, daß dieses rücksichtslose und herrschsüchtige Weib aufgrund einer solchen Beziehung allzuviel Macht und Einfluß gewinnen könnte. Das galt zumal, seit er eine Frau unter seine Mätressen aufgenommen hatte, die angeblich ein Ebenbild der Agrippina war. Man behauptet auch, er habe schon früher bei gemeinsamen Ausflügen in der Sänfte jedesmal blutschänderische Gefühle verspürt, und die Flecken an seiner Kleidung hätten ihn verraten.

29 (1) Er prostituierte sich selbst in einem solchen Ausmaß, daß sozusagen keine Körperstelle an ihm mehr ohne Makel war. Und endlich dachte er sich ein besonderes Spiel aus. Er schlüpfte in ein Tierfell und stürzte sich aus einem

e cauea·uirorumque ac feminarum ad stipitem deligatorum
inguina inuaderet et, cum affatim desaeuisset, conficeretur
a Doryphoro liberto; cui etiam, sicut ipsi Sporus, ita ipse
denupsit, uoces quoque et heiulatus uim patientium uirgi-
num imitatus. ex nonnullis comperi persuasissimum habuisse
eum neminem hominem pudicum aut ulla corporis parte
purum esse, uerum plerosque dissimulare uitium et callide
optegere; ideoque professis apud se obscaenitatem cetera
quoque concessisse delicta.

30 (1) Diuitiarum et pecuniae fructum non alium putabat
quam profusionem, sordidos ac deparcos esse quibus im-
pensarum ratio constaret, praelautos uereque magnificos
qui abuterentur ac perderent. laudabat mirabaturque auun-
culum Gaium nullo magis nomine, quam quod ingentis a
Tiberio relictas opes in breui spatio prodegisset. (2) quare
nec largiendi nec absumendi modum tenuit. in Tiridatem,
quod uix credibile uideatur, octingena nummum milia
diurna erogauit abeuntique super sestertium milies con-
tulit. Menecraten citharoedum et Spiculum murmillonem
triumphalium uirorum patrimoniis aedibusque donauit.
cercopithecum Panerotem faeneratorem et urbanis rusti-
cisque praediis locupletatum prope regio extulit funere. (3)

Käfig heraus auf die Schamteile von Männern und Frauen,
die man an Pfählen festgebunden hatte. Wenn er genug ge-
wütet hatte, ließ er sich von seinem Freigelassenen Doryphoros »fertigmachen«. Ähnlich wie er den Sporus zur Frau
genommen hatte, hatte er sich diesem vermählt, wobei er die
Rolle der Frau spielte und sogar das Schreien und Wehklagen
vergewaltigter Jungfrauen nachahmte. Ich habe selbst von
dem einen oder anderen gehört, Nero sei der unerschütter-
lichen Überzeugung gewesen, es gebe niemanden, der darauf
bedacht sei, die Scham zu wahren, und der auch nur eine einzige Körperstelle aufzuweisen habe, die nicht besudelt sei.
Die meisten frönten ihren Lastern nur im geheimen und
wüßten sie schlau zu verbergen. Daher habe er auch solchen
Leuten, die sich offen zu ihren sexuellen Ausschweifungen
bekannt hätten, alle ihre übrigen Schandtaten durchgehen
lassen.

30 (1) Geld und Reichtum schienen für ihn lediglich dazu-
sein, um vergeudet zu werden. Nur schmutzige Geizhälse
kümmerten sich um die Ordnung ihrer Finanzen, aber
wahrhaft große und feine Herren seien allein die, die das
Geld mit vollen Händen ausgäben. Er war auch immer
voller Lob und Bewunderung für seinen Onkel Gaius
[Caligula], und zwar hauptsächlich deshalb, weil dieser die
ungeheuren Schätze, die Tiberius hinterlassen hatte, in so
kurzer Zeit durchgebracht habe. (2) So kannte er auch keine
Grenzen, wenn es ums Schenken oder Geldausgeben ging.
Den Besuch des Tiridates ließ er sich pro Tag 800 000
Sesterzen kosten, man kann es sich kaum vorstellen. Und
bei seiner Abreise schenkte er ihm dann noch einmal über
100 000. Den Kitharasänger Menekrates und den Gladiator Spiculus beschenkte er mit dem Vermögen und den
Palästen von Männern, die mit den Triumphalinsignien
ausgezeichnet waren. Den Wucherer Paneros mit dem
Beinamen »Meerkatze«, der durch ihn in den Besitz der
wertvollsten Anwesen in der Stadt und auf dem Land gekommen war, ließ er auch noch fast wie einen König zu

nullam uestem bis induit. quadringenis in punctum sester-
tiis aleam lusit. piscatus est rete aurato et purpura cocco-
que funibus nexis. numquam minus mille carrucis fecisse
iter traditur, soleis mularum argenteis, canusinatis mulioni-
bus, armillata phalerataque Mazacum turba atque curso-
rum.

31 (1) Non in alia re tamen damnosior quam in aedifi-
cando domum a Palatio Esquilias usque fecit, quam primo
transitoriam, mox incendio absumptam restitutamque auream nominauit. de cuius spatio atque cultu suffecerit haec
ret⟨t⟩ulisse. uestibulum eius fuit, in quo colossus CXX pedum staret ipsius effigie; tanta laxitas, ut porticus tripli-
ces miliarias haberet; item stagnum maris instar, circumsaeptum aedificiis ad urbium speciem; rura insuper aruis
atque uinetis et pascuis siluisque uaria, cum multitudine
omnis generis pecudum ac ferarum. (2) in ceteris partibus
cuncta auro lita, distincta gemmis unionumque conchis
erant; cenationes laqueatae tabulis eburneis uersatilibus, ut
flores, fistulatis, ut unguenta desuper spargerentur; praecipua cenationum rotunda, quae perpetuo diebus ac noctibus uice mundi circumageretur; balineae marinis et al-

Grabe tragen. (3) Niemals zog er ein Gewand mehr als einmal an. Beim Würfelspiel setzte er für den siegreichen Wurf 400 Sesterzen pro Auge. Wenn er fischte, nahm er ein vergoldetes Netz, das aus Purpur- und Scharlachfäden gedreht war. Seine Wagenkolonne auf Reisen soll nie weniger als 1000 Wagen gezählt haben. Die Maultiere waren mit Silber beschlagen, die Treiber trugen Gewänder aus canusischer Wolle[74]. Die Vorreiter waren ein Trupp Mazaker[75] und Läufer; sie trugen Armreifen, und ihre Pferde hatten kostbare Geschirre.

31 (1) Die größte Verschwendungssucht legte er jedoch bei seiner Bauwut an den Tag. Er verlängerte den Kaiserpalast, der nun vom Palatium bis zu den Esquilien reichte. Zuerst nannte er den Verbindungsbau »Passage«, dann, als er nach dem Brand wieder aufgebaut worden war, »Goldenes Haus«.[76] Um sich einen Begriff davon zu machen, welche gewaltigen Ausmaße dieser Palast hatte und wie reich geschmückt er war, dürften folgende Angaben genügen: Die Vorhalle war so hoch, daß eine Kolossalstatue Neros von 120 Fuß Höhe darin Platz hatte, und der ganze Bau war so ausgedehnt, daß ihn eine Halle mit drei Säulenreihen in einer Länge von 1000 Fuß umgab.[77] Auch ein künstlicher Teich befand sich innerhalb dieser Anlagen, der wie ein Meer ringsum von Bauten umgeben war, die Städte vorstellen sollten.[78] Obendrein gab es noch Ländereien mit Kornfeldern, Weinbergen, Wiesen und Wäldern in buntem Wechsel, mit einer Fülle von zahmem und wildem Getier aller Arten. (2) Die Innenräume des Palastes waren sämtlich vergoldet und mit Edelsteinen und Perlmutt ausgelegt. Die Speisesäle hatten mit Elfenbeinschnitzerei verzierte Kassettendecken, deren Täfelung verschiebbar war, damit man Blüten auf die Gäste herabregnen lassen konnte. Auch besaßen sie ein Röhrenwerk, durch das man duftende Essenzen herabsprühte. Der Bankettsaal hatte die Form einer Rotunde, deren Kuppel sich wie das Weltall Tag und Nacht ständig drehte.[79] In den Bädern gab es Wasser aus

bulis fluentes aquis. eius modi domum cum absolutam dedi-
caret, hactenus comprobauit, ut se diceret quasi hominem
tandem habitare coepisse.
(3) Praeterea incohabat piscinam a Miseno ad Auernum
lacum contectam porticibusque conclusam, quo quidquid
totis Bais calidarum aquarum esset conuerteretur; fossam
ab Auerno Ostiam usque, ut nauibus nec tamen mari ire-
tur, longitudinis per centum sexaginta milia, latitudinis,
qua contrariae quinqueremes commearent. quorum operum
perficiendorum gratia quod ubique esset custodiae in Ita-
liam deportari, etiam scelere conuictos non nisi ad opus
damnari praeceperat.
(4) Ad hunc impendiorum furorem, super fiduciam imperii, etiam spe quadam repentina immensarum et recon-
ditarum opum impulsus est ex indicio equitis R. pro com-
perto pollicentis thesauros antiquissimae gazae, quos Dido
regina fugiens Tyro secum extulisset, esse in Africa uastis-
simis specubus abditos ac posse erui paruula molientium
opera. 32 (1) Uerum ut spes fefellit, destitutus atque ita
iam exhaustus et egens ut stipendia quoque militum et
commoda ueteranorum protrahi ac differri necesse esset,
calumniis rapinisque intendit animum. (2) ante omnia
instituit, ut e libertorum defunctorum bonis pro semisse
dextans ei cogeretur, qui sine probabili causa eo nomine
essent, quo fuissent ullae familiae quas ipse contingeret;
deinde, ut ingratorum in principem testamenta ad fiscum

dem Meer und aus der Albulaquelle.[80] Als er nun dieses Prachtgebäude nach der Fertigstellung einweihte, fand er keine anderen Worte der Zufriedenheit als: »Jetzt fange ich endlich an, menschenwürdig zu wohnen!«

(3) Er begann auch, ein Bassin zu bauen, das, überdacht und von Arkaden umgeben, von Misenum bis zum Avernersee reichen sollte. In dieses Bassin wollte er alle warmen Quellen von Baiae leiten. Vom Avernersee bis nach Ostia sollte ein Kanal gebaut werden; auf ihm sollte man zu Schiff, jedoch ohne das Meer befahren zu müssen, dorthin kommen können.[81] Er sollte 160 römische Meilen lang[82] und so breit sein, daß sich zwei Fünfruderer ausweichen konnten. Um diese Arbeiten auszuführen, hatte er befohlen, sämtliche Gefangenen aus dem ganzen Reich nach Italien zu deportieren. Selbst überführte Gewaltverbrecher sollten nur zu Zwangsarbeit verurteilt werden.

(4) Zu einer solch wahnwitzigen Geldverschwendung verführte ihn nicht nur das Vertrauen auf den Kronschatz; unvermutet bot sich ihm die Hoffnung auf unermeßliche verborgene Schätze. Von diesen hatte ihm ein römischer Ritter erzählt, der steif und fest versicherte, der Schatz aus grauer Vorzeit, den die Königin Dido auf ihrer Flucht aus Tyros bei sich gehabt habe, liege noch in Afrika in weitausgedehnten Höhlengängen verborgen. Wenn man nur ein wenig nachgrabe, könne man ihn zutage fördern. 32 (1) Als sich diese Hoffnung als trügerisch herausgestellt hatte, war er am Ende; er hatte seine Mittel völlig erschöpft und brauchte so dringend Geld, daß er sogar die Sold- und Pensionszahlungen an die Soldaten und Veteranen aussetzen und verschieben mußte. Unter diesen Umständen verlegte er sich nun auf falsche Anklagen und räuberische Bereicherung. (2) Als erstes verordnete er, daß statt der Hälfte nun $5/6$ des Vermögens von verstorbenen Freigelassenen an ihn gehe, wenn sie ohne ausreichende Begründung den Namen einer Familie geführt hätten, mit der er selbst verwandt war.[83] Wer sich in seinem Testament dem Kaiser

pertineret, ac ne impune esset studiosis iuris, qui scripsis-
sent uel dictassent ea; tunc ut lege maiestatis facta dictaque omnia, quibus modo delator non deesset, tenerentur.
(3) reuocauit et praemia coronarum, quae umquam sibi
ciuitates in certaminibus detulissent. et cum interdixisset
usum amethystini ac Tyrii coloris summisissetque qui nun-
dinarum die pauculas uncias uenderet, praeclusit cunctos
negotiatores. quin etiam inter canendum animaduersam
matronam in spectaculis uetita purpura cultam demon-
strasse procuratoribus suis dicitur detractamque ilico non
ueste modo sed et bonis exuit. (4) nulli delegauit officium
ut non adiceret: ›scis quid mihi opus sit‹, et: ›hoc agamus,
ne quis quicquam habeat.‹ ultimo templis compluribus
dona detraxit simulacraque ex auro uel argento fabricata
conflauit, in iis Penatium deorum, quae mox Galba resti-
tuit.

33 (1) Parricidia et caedes a Claudio exorsus est; cuius
necis etsi non auctor, at conscius fuit, neque dissimulanter,
ut qui boletos, in quo cibi genere uenenum is acceperat,
quasi deorum cibum posthac prouerbio Graeco conlau-
dare sit solitus. certe omnibus rerum uerborumque contumeliis mortuum insectatus est, modo stultitiae modo
saeuitiae arguens; nam et morari eum desisse inter homines

gegenüber undankbar erzeigt hatte,[84] dessen Vermögen sollte konfisziert werden. Auch die Juristen, die diese Testamente aufgesetzt oder ihren Wortlaut diktiert hatten, sollten nicht ungestraft davonkommen. Schließlich sollte alles in Wort und Tat, wofür sich nur ein Denunziant fand, unter das Gesetz der Majestätsbeleidigung[85] fallen. (3) Er forderte auch sämtliche Geldgeschenke zurück, die er anläßlich der Festspiele als Entgelt für die ihm zugesprochenen Siegeskränze an die betreffenden Städte gemacht hatte.[86] Ferner untersagte er die Verwendung von Amethyst- und Purpurfarbe und stiftete einen Mann dazu an, am Markttag ein paar Unzen davon zu verkaufen. Daraufhin ließ er die Magazine der Händler samt und sonders schließen.[87] Ja er soll sogar einmal, während er als Sänger auf der Bühne stand, eine Dame entdeckt haben, die in Gewand mit der verbotenen Purpurfarbe trug. Er machte seine Agenten darauf aufmerksam, und diese schleppten sie weg, und auf der Stelle war nicht nur ihr Kleid, sondern auch ihr gesamtes Vermögen beschlagnahmt. (4) Keinem übertrug er ein Amt, ohne hinzuzufügen: »Du weißt, was ich brauche!« und: »Wir müssen darauf aus sein, daß keiner etwas behält.« Zuletzt beraubte er viele Tempel ihrer Weihgeschenke[88] und ließ die goldenen und silbernen Statuen einschmelzen, darunter die der römischen Penaten. Diese hat jedoch Galba kurze Zeit später wieder ersetzt.

33 (1) Die Kette seiner Verwandtenmorde und anderen Mordtaten begann er mit Claudius. An dessen Ermordung war er wenn nicht als Anstifter, so doch als Mitwisser beteiligt. Daraus machte er auch gar kein Hehl: Die Pilze, mit denen Claudius das Gift aufgenommen hatte, pries er später bei jeder Gelegenheit als Götterspeise, wie das griechische Sprichwort sagt.[89] Sicher ist, daß er dem Toten in Wort und Tat jeden Schimpf zufügte: Bald nannte er ihn einen Narren, bald einen Wüterich. Dafür hatte er ein Witzwort, das er gern gebrauchte: Er sagte, Claudius ver-

producta prima syllaba iocabatur multaque decreta et
constituta, ut insipientis atque deliri, pro irritis habuit;
denique bustum eius consaepiri nisi humili leuique maceria
neglexit.

(2) Britannicum non minus aemulatione uocis, quae illi
iucundior suppetebat, quam metu ne quandoque apud
hominum gratiam paterna memoria praeualeret, ueneno
adgressus est. quod acceptum a quadam Lucusta, uenena-
riorum indice, cum opinione tardius cederet uentre modo
Britannici moto, accersitam mulierem sua manu uerberauit
arguens pro ueneno remedium dedisse; excusantique minus
datum ad occultandam facinoris inuidiam: ›sane‹, inquit,
›legem Iuliam timeo‹, coegitque se coram in cubiculo quam
posset uelocissimum ac praesentaneum coquere. (3) deinde
in haedo expertus, postquam is quinque horas protraxit,
iterum ac saepius recoctum porcello obiecit; quo statim
exanimato inferri in triclinium darique cenanti secum Bri-
tannico imperauit. et cum ille ad primum gustum con-
cidisset, comitiali morbo ex consuetudine correptum apud
conuiuas ementitus postero die raptim inter maximos

weile nicht mehr unter den Menschen, wobei er die erste Silbe von *morari* lang aussprach, so daß es auch heißen konnte, er spiele nicht mehr den Narren.[90] Er setzte auch Beschlüsse und Erlasse von ihm außer Kraft, weil sie angeblich von einem Schwachsinnigen und Verrückten stammten. Schließlich ließ er, seiner Mißachtung damit Ausdruck gebend, um die Verbrennungsstätte des Claudius nur ein niedriges, kümmerliches Mäuerchen ziehen.

(2) Den Britannicus vergiftete er, und zwar war er nicht nur neidisch auf dessen Stimme, die von Natur aus wohlklingender war als die seine, er hatte auch Angst, Britannicus könne einmal beim Volk beliebter werden als er, da man ja seinen Vater noch in guter Erinnerung hatte. Das Gift beschaffte er sich von einer gewissen Locusta, einer berüchtigten Giftmischerin, und als die Wirkung schwächer war als angenommen – Britannicus litt daraufhin nur an einer Verdauungsstörung –, ließ er die Person zu sich kommen und verprügelte sie mit eigener Hand. Dabei beschuldigte er sie, sie habe ihm statt des Gifts ein Heilmittel gegeben. Die Frau brachte zu ihrer Entschuldigung vor, sie habe eine geringere Dosis gebracht, damit die Untat leichter zu verheimlichen sei. Daraufhin rief er aus: »Ja natürlich, ich muß mich ja vor dem Julischen Gesetz[91] fürchten!« und zwang sie, in seinem Schlafzimmer vor seinen Augen ihr am raschesten wirkendes, augenblicklich tödliches Gift zu brauen. (3) Das probierte er dann an einem Ziegenbock aus. Als das Tier erst nach 5 Stunden verendete, ließ er das Gift durch mehrmaliges Aufkochen verstärken und warf es dann einem Ferkel vor. Dieses war augenblicklich tot. Jetzt ließ er das Gift in den Speisesaal bringen und es dem Britannicus bei der gemeinsamen Mahlzeit verabreichen. Als dieser nach dem ersten Schluck zu Boden stürzte, log Nero den Gästen vor, das sei nur einer der gewöhnlichen Anfälle von Epilepsie, an der Britannicus leide. Und am folgenden Tag ließ er ihn in aller Hast in Sturm und Regen[92] beisetzen, ganz ohne alle Zeremonien. Der Locusta

imbres tralaticio extulit funere. Lucustae pro nauata opera
impunitatem praediaque ampla, sed et discipulos dedit.

34 (1) Matrem facta dictaque sua exquirentem acerbius et
corrigentem hactenus primo grauabatur, ut inuidia identidem oneraret quasi cessurus imperio Rhodumque abiturus,
mox et honore omni et potestate priuauit abductaque militum et Germanorum statione contubernio quoque ac
Palatio expulit; neque in diuexanda quicquam pensi habuit,
summissis qui et Romae morantem litibus et in secessu
quiescentem per conuicia et iocos terra marique praeterue-
hentes inquietarent. (2) uerum minis eius ac uiolentia ter-
ritus perdere statuit; et cum ter ueneno temptasset senti-
retque antidotis praemunitam, lacunaria, quae noctu super
dormientem laxata machina deciderent, parauit. hoc
consilio per conscios parum celato solutilem nauem, cuius
uel naufragio uel camarae ruina periret, commentus est
atque ita reconciliatione simulata iucundissimis litteris
Baias euocauit ad sollemnia Quinquatruum simul cele-
branda; datoque negotio trierarchis, qui liburnicam qua
aducta erat uelut fortuito concursu confringerent, protraxit

wurde für ihre Dienste Straffreiheit gewährt, sie erhielt
reichen Grundbesitz, ja sie erhielt sogar Schüler.
34 (1) Seine Mutter wurde ihm lästig, denn sie war eine
allzu scharfe Beobachterin und Kritikerin seiner Taten und
Äußerungen. Er beschränkte sich aber anfangs darauf, das
Volk gegen sie aufzuhetzen. Er ließ nämlich das Gerücht
verbreiten, er wolle abdanken und sich nach Rhodos zu-
rückziehen.⁹³ Bald aber nahm er ihr alle Vorrechte und
beraubte sie ihrer Machtposition völlig: Er entzog ihr die
römische Ehrengarde und die germanische Leibwache⁹⁴ und
wies ihr sogar einen getrennten Hof außerhalb seines
Palastes an. Er machte sich nun auch gar kein Gewissen
mehr daraus, ihr auf alle mögliche Art und Weise zuzu-
setzen. War sie in Rom, zog er ihr mit bestochenen An-
klägern Prozesse auf den Hals, begab sie sich aufs Land,
um Ruhe zu finden, mußten ebenfalls bestochene Leute
zu Wasser und zu Lande an ihrer Villa vorbeifahren und
sie mit Schmäh- und Spottreden aus ihrer Ruhe aufstö-
ren. (2) Ihre Drohungen und heftigen Ausbrüche versetzten ihn jedoch in Schrecken, und so beschloß er ihren Tod.
Dreimal versuchte er es mit Gift und mußte feststellen,
daß sie sich durch Gegengifte zu schützen wußte. Da ließ
er die Decke in ihrem Schlafzimmer mit einer Maschinerie
versehen, so daß Teile der Täfelung des Nachts auf die
Schlafende herabstürzen mußten. Dieser Plan wurde jedoch von den Mitwissern nicht genügend geheimgehalten.
Daher kam er nun auf den Gedanken, ein Schiff bauen
zu lassen, das aus einzelnen Teilen bestand, die sich leicht
voneinander lösen ließen. Auf ihm sollte sie entweder durch
Schiffbruch oder durch Einsturz ihrer Kabine ums Leben
kommen. Also gaukelte er ihr eine Versöhnung vor und
lud sie in einem vor Herzlichkeit überfließenden Schreiben
nach Baiae ein, wo sie mit ihm das Quinquaternfest⁹⁵
feiern solle. Er gab den Schiffskapitänen den Befehl, den
Schnellsegler, mit dem sie kam, scheinbar durch eine Hava-
rie seeuntüchtig zu machen. Beim Festmahl zog er die

conuiuium repetentique Baulos in locum corrupti nauigii machinosum illud optulit, hilare prosecutus atque in digressu papillas quoque exosculatus. (3) reliquum temporis cum magna trepidatione uigilauit opperiens coeptorum exitum. sed ut diuersa omnia nandoque euasisse eam comperit, inops consilii L. Agermum libertum eius saluam et incolumem cum gaudio nuntiantem, abiecto clam iuxta pugione ut percussorem sibi subornatum arripi constringique iussit, matrem occidi, quasi deprehensum crimen uoluntaria morte uitasset. (4) adduntur his atrociora nec incertis auctoribus: ad uisendum interfectae cadauer accurrisse, contrectasse membra, alia uituperasse, alia laudasse, sitique interim oborta bibisse. neque tamen conscientiam sceleris, quanquam et militum et senatus populique gratulationibus confirmaretur, aut statim aut umquam postea ferre potuit, saepe confessus exagitari se materna specie uerberibusque Furiarum ac taedis ardentibus. quin et facto per Magos sacro euocare Manes et exorare temptauit. peregrinatione quidem Graeciae et Eleusinis sacris, quorum initiatione impii et scelerati uoce praeconis summouentur, interesse non ausus est.

Tafel in die Länge, und als sie nach Bauli[96] heimkehren wollte, bot er ihr statt ihres beschädigten Schiffes das künstlich hergerichtete an. Mit heiterer Miene gab er ihr das Geleit dorthin und küßte ihr beim Abschied noch den Busen. (3) Den Rest der Nacht durchwachte er in ängstlicher Spannung und wartete auf die Kunde vom Ausgang seines Anschlags. Da erfuhr er, daß alles fehlgeschlagen war und sie sich schwimmend gerettet hatte. Nun wußte er sich keinen anderen Rat mehr: Als Lucius Agermus, der Freigelassene seiner Mutter, ihm voller Freude die Botschaft brachte, Agrippina sei heil und gesund, da ließ er neben ihm heimlich einen Dolch fallen. Daraufhin befahl er, ihn festzunehmen und in Ketten zu legen, er sei zum Mord an ihm angestiftet. Seine Mutter aber solle man töten, dabei jedoch den Anschein erwecken, als habe sie sich den Folgen der entdeckten Freveltat durch einen freiwilligen Tod entzogen. (4) Einige durchaus zuverlässige Autoren berichten dazu noch gräßliche Einzelheiten. Nero sei herbeigeeilt, um die Leiche seiner Mutter in Augenschein zu nehmen. Er habe ihre Glieder einzeln betastet, das Aussehen der einen getadelt, andere als schön bezeichnet. Dabei habe er Durst bekommen und in aller Ruhe ein Getränk zu sich genommen. Er konnte jedoch im Bewußtsein dieses Verbrechens keine Ruhe finden, weder jetzt, obwohl ihm die Soldaten wie auch Senat und Volk durch ihre Glück- und Segenswünsche Mut zu machen versuchten, noch jemals später. Oft bekannte er, daß ihn der Schatten seiner Mutter und die Furien mit Geißeln und brennenden Fackeln dauernd verfolgten. Ja er ließ sogar von den Magiern[97] ein Opfer darbringen und suchte so ihren abgeschiedenen Geist zu beschwören und zu versöhnen. Auf seiner Reise durch Griechenland wagte er es auch nicht, an den Eleusinischen Mysterien teilzunehmen, denn dort verkündet der Heroldsruf, daß alle Frevler wider göttliches und menschliches Recht von der Teilnahme ausgeschlossen seien.

(5) Iunxit parricidio matris amitae necem. quam cum ex
duritie alui cubantem uisitaret, et illa tractans lanuginem
eius, ut assolet, iam grandis natu per blanditias forte
dixisset: simul hanc excepero, mori uolo, conuersus ad
proximos confestim se positurum uelut irridens ait, prae-
cepitque medicis ut largius purgarent aegram; necdum
defunctae bona inuasit suppresso testamento, ne quid abs-
cederet.

35 (1) Vxores praeter Octauiam duas postea duxit, Poppaeam Sabinam quaestorio patre natam et equiti R. antea
nuptam, deinde Statiliam Messalinam Tauri bis consulis ac
triumphalis abneptem. qua ut poteretur, uirum eius Atti-
cum Vestinum consulem in honore ipso trucidauit. Octauiae
consuetudinem cito aspernatus, corripientibus amicis suf-
ficere illi debere respondit uxoria ornamenta. (2) eandem
mox saepe frustra strangulare meditatus dimisit ut steri-
lem, sed improbante diuortium populo nec parcente conuiciis, etiam relegauit, denique occidit sub crimine adulteriorum adeo inpudenti falsoque, ut in quaestione pernegantibus
cunctis Anicetum paedagogum suum indicem subiecerit,
qui fingeret dolo stupratam a se fateretur. (3) Poppaeam
duodecimo die post diuortium Octauiae in matrimonium

(5) Zum Muttermord fügte er noch den Mord an seiner
Tante. Er besuchte sie einmal, als sie wegen einer hart-
näckigen Verstopfung zu Bett lag, und sie fuhr ihm, wie sie
das gerne tat, liebkosend durch seinen Bartflaum – sie
war schon eine recht betagte Dame – und sprach: »Wenn
ich den einmal in Händen halte, dann will ich beruhigt
sterben.«[98] Da wandte er sich an seine Begleiter und sagte
– es sollte wie ein Scherz klingen –, augenblicklich werde
er ihn abnehmen lassen. Er gab den Ärzten die Anweisung,
der Kranken stärkere Mittel zu verabreichen, und sie war
noch nicht unter der Erde, als er bereits ihr Hab und Gut
an sich riß. Ihr Testament hatte er unterschlagen, damit
ihm auch ja nichts entgehe.

35 (1) Verheiratet war er außer mit Octavia noch zweimal,
zunächst mit Poppaea Sabina. Sie war die Tochter eines
Quästors und vorher mit einem römischen Ritter verheiratet gewesen.[99] Dann nahm er Statilia Messalina zur Frau,
die Urenkelin des Taurus, der zweimal Konsul gewesen
und einen Triumph gefeiert hatte. Damit er sie besitzen
konnte, ließ er ihren Mann, den Konsul Atticus Vestinus,
im Amt ermorden.[100] Das Zusammenleben mit Octavia
war er bald leid. Als ihm seine Freunde deswegen Vorhaltungen machten, erwiderte er: »Sie soll mit den Gattinnen-
insignien[101] zufrieden sein.« (2) Er hatte sich mehrmals mit
dem Gedanken getragen, sie erdrosseln zu lassen, schließlich
vollzog er jedoch die Scheidung von ihr, angeblich weil sie
keine Kinder bekomme. Damit war das Volk aber nicht
einverstanden und hielt mit Mißfallenskundgebungen nicht
zurück. Daraufhin verbannte er sie und ließ sie schließlich
wegen angeblichen wiederholten Ehebruchs ermorden. Dieser Vorwand war so schamlos erlogen, daß alle, die bei
der gerichtlichen Untersuchung auf der Folter befragt wurden, es verneinten. Da mußte er seinen ehemaligen Erzieher Anicetus dazu anstiften, lügnerisch zu behaupten,
er habe Octavia durch List entehrt. (3) Zwölf Tage nach
der Scheidung von Octavia heiratete er Poppaea. Sie liebte

acceptam dilexit unice; et tamen ipsam quoque ictu calcis
occidit, quod se ex aurigatione sero reuersum grauida et
aegra conuiciis incesserat. ex hac filiam tulit Claudiam
Augustam amisitque admodum infantem.
(4) Nullum adeo necessitudinis genus est, quod non scelere perculerit. Antoniam Claudi filiam, recusantem post
Poppaeae mortem nuptias suas, quasi molitricem nouarum
rerum interemit; similiter [inter] ceteros aut affinitate aliqua sibi aut propinquitate coniunctos; in quibus Aulum
Plautium iuuenem, quem cum ante mortem per uim con-
spurcasset: ›eat nunc‹, inquit, ›mater mea et successorem
meum osculetur‹, iactans dilectum ab ea et ad spem imperii impulsum. (5) priuignum Rufrium Crispinum Poppaea natum, impuberem adhuc, quia ferebatur ducatus et
imperia ludere, mergendum mari, dum piscaretur, seruis
ipsius demandauit. Tuscum nutricis filium relegauit, quod
in procuratione Aegypti balineis in aduentum suum ex-
tructis lauisset. Senecam praeceptorem ad necem compulit,
quamuis saepe commeatum petenti bonisque cedenti per-
sancte iurasset suspectum se frustra periturumque potius
quam nociturum ei. Burro praefecto remedium ad fauces
pollicitus toxicum misit. libertos diuites et senes, olim

er leidenschaftlich. Und doch wurde er auch an ihr zum Mörder. Er trat sie in den Leib, als sie schwanger und krank war, weil sie ihm Vorwürfe gemacht hatte, daß er von den Rennen so spät nach Hause käme. Von ihr hatte er eine Tochter, Claudia Augusta, die er aber schon im Säuglingsalter wieder verlor.

(4) Es gab keine nahe oder ferne Verwandtschaft, die er nicht durch Verbrechen aus dem Wege räumte. Antonia, die Tochter des Claudius, hatte nach dem Tode Poppaeas seine Hand ausgeschlagen; daraufhin ließ er sie töten und gab vor, sie habe eine Verschwörung geplant. Ebenso ging es allen anderen, die irgendwie mit ihm verwandt oder verschwägert waren. Zu diesen Opfern gehörte der junge Aulus Plautius, den er sich vor seinem Tode noch durch Gewalt gefügig gemacht hatte. Dann hatte er gesagt: »Jetzt mag meine Mutter hingehen und meinen Nachfolger zärtlich willkommen heißen!« und allen einzureden versucht, seine Mutter habe mit Aulus Plautius ein Verhältnis unterhalten und dieser habe sich deshalb Hoffnungen auf den Thron gemacht. (5) Sein Stiefsohn Rufius Crispinus, der Sohn der Poppaea, ein Kind noch, spielte angeblich gern Feldherr und Kaiser, und deshalb ließ er ihn von dessen eigenen Sklaven beim Fischen im Meer ertränken, Tuscus, den Sohn seiner Amme, schickte er in die Verbannung, denn er hatte als Statthalter von Ägypten in den Bädern gebadet, die man für seine, Neros, Ankunft hergerichtet hatte. Seinen Lehrer Seneca zwang er, sich das Leben zu nehmen. Dabei hatte sich Seneca mehrfach bereiterklärt, sich gänzlich von der Politik zurückzuziehen, er hatte dem Kaiser auch sein Vermögen überschreiben wollen. Und Nero hatte hoch und heilig geschworen, Senecas Befürchtungen seien grundlos, er, der Kaiser, wolle lieber sterben als ihm etwas zuleide tun.[102] Dem Gardepräfekten Burrus hatte er eine Medizin gegen sein Kehlkopfleiden versprochen und schickte ihm statt dessen Gift. Seine reichen, inzwischen hochbetagten Freigelassenen, die

adoptionis mox dominationis suae fautores atque rectores,
ueneno partim cibis partim potionibus indito intercepit.
36 (1) Nec minore saeuitia foris et in exteros grassatus est.
stella crinita, quae summis potestatibus exitium portendere
uulgo putatur, per continuas noctes oriri coeperat. anxius
ea re, ut ex Balbillo astrologo didicit, solere reges talia
ostenta caede aliqua illustri expiare atque a semet in
capita procerum depellere, nobilissimo cuique exitium
destinauit; enimuero multo magis et quasi per iustam causam duabus coniurationibus prouulgatis, quarum prior
maiorque Pisoniana Romae, posterior Viniciana Beneuenti
conflata atque detecta est. (2) coniurati e uinculis tripli-
cium catenarum dixere causam, cum quidam ultro crimen
faterentur, nonnulli etiam imputarent, tamquam aliter illi
non possent nisi morte succurrere dedecorato flagitiis
omnibus. damnatorum liberi urbe pulsi enectique ueneno
aut fame; constat quosdam cum paedagogis et capsaris uno
prandio pariter necatos, alios diurnum uictum prohibitos
quaerere.
37 (1) Nullus posthac adhibitus dilectus aut modus interi-
mendi quoscumque libuisset quacumque de causa. sed ne
de pluribus referam, Saluidieno Orfito obiectum est quod
tabernas tres de domo sua circa forum ciuitatibus ad sta-

ihm einst zur Adoption, dann auf den Thron verholfen
hatten und seine Ratgeber gewesen waren,[103] räumte er
durch Gift aus dem Weg, das er ihnen in Speisen und
Getränken verabreichte.

36 (1) Mit nicht geringerer Grausamkeit wütete er auch
gegen Leute außerhalb der Hofgesellschaft und gegen
Fremde. Mehrere Nächte hindurch zeigte sich ein Komet
am Himmel, was nach dem Volksglauben den Untergang
der Herrschenden anzeigt. Nero geriet in Besorgnis und erhielt von seinem Astrologen Balbillus den Bescheid, Könige
pflegten in einem solchen Fall das Blut eines hervorragen-
den Mannes als Sühneopfer zu vergießen, dadurch solche
Vorzeichen von sich abzuwenden und das Verhängnis auf
die Häupter ihres Adels zu ziehen. Daraufhin beschloß er,
die vornehmen Römer samt und sonders auszurotten, und
in diesem Entschluß wurde er noch bestärkt und gleichsam
gerechtfertigt, denn damals wurden zwei Verschwörungen
aufgedeckt. Die frühere und gefährlichere war die Pisoni-
sche Verschwörung[104], die in Rom ins Werk gesetzt und
aufgedeckt wurde, die spätere war die Vinicianische in
Benevent.[105] (2) Die Verschworenen erschienen vor Gericht in dreifachen Ketten. Einige bekannten sich freiwillig
zu dem Verbrechen, mehrere rühmten sich sogar der Teilnahme, indem sie sagten, man habe ihm, der durch Schandtaten aller Art gebrandmarkt sei, nicht anders helfen
können als durch seinen Tod.[106] Die Kinder der Verurteilten wurden aus der Stadt verwiesen und durch Gift oder
Hunger zu Tode gebracht. Tatsache ist, daß er einige samt
ihren Erziehern und Dienern[107] bei einer einzigen Mahlzeit umbringen ließ. Andere hinderte man daran, sich
ihren täglichen Lebensunterhalt zu beschaffen.

37 (1) Von da an kannte er weder Maß noch Ziel, er mor-
dete jeden Beliebigen unter jedem beliebigen Vorwand hin.
Ich will nur einige wenige namentlich erwähnen: So wurde
es dem Salvidienus Orfitus als Verbrechen angerechnet, daß
er drei Zimmer seines Hauses am Forum als Schlafquartiere

tionem locasset, Cassio Longino iuris consulto ac luminibus
orbato, quod in uetere gentili[s] stemmate C. Cassi per-
cussoris Caesaris imagines retinuisset, Paeto Thraseae
tristior et paedagogi uultus. (2) mori iussis non amplius
quam horarum spatium dabat; ac ne quid morae in-
terueniret, medicos admouebat qui cunctantes continuo
curarent: ita enim uocabatur uenas mortis gratia incidere.
creditur etiam polyphago cuidam Aegypti generis crudam
carnem et quidquid daretur mandere assueto, concupisse
uiuos homines laniandos absumendosque obicere. (3) elatus
inflatusque tantis uelut successibus negauit quemquam
principum scisse quid sibi liceret, multasque nec dubias
significationes saepe iecit, ne reliquis quidem se parsurum
senatoribus, eumque ordinem sublaturum quandoque e re
p. ac prouincias et exercitus equiti R. ac libertis permis-
surum. certe neque adueniens neque proficiscens quemquam osculo impertiit ac ne resalutatione quidem; et in
auspicando opere Isth[i]mi[i] magna frequentia clare ut
sibi ac populo R. bene res uerteret optauit dissimulata
senatus mentione.

38 (1) Sed nec populo aut moenibus patriae pepercit. dicente
quodam in sermone communi:

an Gesandte auswärtiger Staaten vermietet hatte. Dem Rechtsgelehrten Cassius Longinus, einem blinden Mann, wurde der Vorwurf gemacht, er bewahre unter den Ahnenbildern seiner Familie noch die Büste des Caesarmörders Gaius Cassius auf. Von Paetus Thrasea[108] hieß es, er blicke immer so schulmeisterlich-finster drein. (2) Wer die Aufforderung zum Selbstmord erhielt,[109] bekam nur eine Frist von wenigen Stunden eingeräumt. Damit niemand zu lange zögerte, schickte er Ärzte, die die Zaudernden unverzüglich »in die Kur nehmen« sollten, so nannte er nämlich das Öffnen der Adern, das das Verbluten zur Folge hatte. Ja man glaubte sogar folgendes: Da gab es einen berüchtigten Allesfresser aus Ägypten, einen Mann, der gewohnt war, rohes Fleisch und alles, was man ihm vorsetzte, hinunterzuschlingen, und Nero soll große Lust gehabt haben, ihm lebende Menschen zum Zerfleischen und zum Fraß vorzuwerfen. (3) Da er allenthalben solche, wie er meinte, Erfolge zu verzeichnen hatte, behauptete er in eitlem Größenwahn, vor ihm habe noch kein Kaiser gewußt, was er sich alles erlauben könne. Auch warf er öfters die durchaus unmißverständliche Äußerung hin, er werde keinen der noch übrigen Senatoren verschonen, sondern den gesamten Stand vom Erdboden vertilgen und die Verwaltung der Provinzen und das Kommando über die Heere den römischen Rittern und den Freigelassenen übertragen. Wirklich ehrte er auch weder beim Antritt einer Reise noch bei der Rückkehr ein Mitglied des Senats durch einen Kuß,[110] ja er antwortete nicht einmal auf einen Gruß. Und als er die Arbeiten am Isthmus von Korinth feierlich eröffnete, lautete die Wunschformel, die er vor einer zahlreich versammelten Menge mit lauter Stimme sprach: Das Unternehmen möge für ihn und das Volk von Rom günstig ausgehen – die Nennung des Senats unterließ er.

38 (1) Aber selbst das Volk und die Häuser seiner Vaterstadt Rom verschonte er nicht. Einmal zitierte jemand bei einer allgemeinen Unterhaltung den griechischen Vers:

ἐμοῦ θανόντος γαῖα μειχθήτω πυρί,

›immo‹, inquit, ›ἐμοῦ ζῶντος‹, planeque ita fecit. nam
quasi offensus deformitate ueterum aedificiorum et an-
gustiis flexurisque uicorum, incendit urbem tam palam, ut
plerique consulares cubicularios eius cum stuppa taedaque
in praediis suis deprehensos non attigerint, et quaedam
horrea circa domum Auream, quorum spatium maxime
desiderabat, ut bellicis machinis labefacta atque inflam-
mata sint, quod saxeo muro constructa erant. (2) per sex
dies septemque noctes ea clade saeuitum est ad monu-
mentorum bustorumque deuersoria plebe compulsa. tunc
praeter immensum numerum insularum domus priscorum
ducum arserunt hostilibus adhuc spoliis adornatae deorumque aedes ab regibus ac deinde Punicis et Gallicis bellis
uotae dedicataeque, et quidquid uisendum atque memora-
bile ex antiquitate durauerat. hoc incendium e turre Mae-
cenatiana prospectans laetusque flammae, ut aiebat, pul-
chritudine ›Halosin Ilii‹ in illo suo scaenico habitu decan-
tauit. (3) ac ne non hinc quoque quantum posset praedae
et manubiarum inuaderet, pollicitus cadauerum et ruderum
gratuitam egestionem nemini ad reliquias rerum suarum
adire permisit; conlationibusque non receptis modo uerum
et efflagitatis prouincias priuatorumque census prope ex-
hausit.

39 (1) Accesserunt tantis ex principe malis probrisque

Bin ich erst tot, so mische Erd' und Feuer sich![111]

»O nein«, antwortete er darauf, »noch wenn ich lebe!« Und das setzte er auch in die Tat um. Denn er behauptete, der Anblick der häßlichen alten Häuser und der engen, gewundenen Gassen beleidige sein Auge, und ließ daraufhin die Stadt in Brand stecken. Dabei ging er ganz offen vor: Viele Männer von konsularischem Rang ertappten seine Kammerdiener mit Pechkränzen und Fackeln auf ihren Grundstücken und wagten sie nicht anzurühren. Einige Getreidesilos in der Nähe seines Goldenen Hauses, an deren Grund und Boden ihm besonders lag, wurden durch Kriegsmaschinen niedergerissen, da sie aus Quadersteinen gemauert waren, und dann angezündet. (2) Sechs Tage und sieben Nächte wütete das Feuer, und das Volk war gezwungen, in Grabanlagen und Grüften Zuflucht zu suchen. Damals verbrannten außer einer unermeßlichen Zahl von Mietshäusern auch die Häuser der alten Feldherrn, die noch mit den feindlichen Beutestücken verziert waren. Dazu die Tempel der Götter, die noch von den Königen und später in den punischen und gallischen Kriegen auf feierliches Gelöbnis hin geweiht worden waren, und überhaupt alles, was es sonst an Sehenswürdigkeiten und Denkmälern aus alter Zeit noch gab. Diesem Brand schaute er vom Turm des Maecenaspalastes[112] herab zu. In freudiger Begeisterung über die Schönheit des Feuerscheins – so drückte er sich aus – trug er in seinem üblichen Theaterkostüm eine Gesangsszene über die Eroberung Trojas[113] vor. (3) Um aber selbst aus diesem Unglück möglichst viel Kapital zu schlagen, versprach er, den Schutt und die Leichen kostenlos wegschaffen zu lassen, und gestattete unter diesem Vorwand niemandem, die Überreste seines Hab und Guts zu bergen. Mit den Hilfsgeldern, die er nicht nur auf freiwilliger Basis, sondern auch zwangsweise eintrieb, brachte er die Provinzen wie auch die Privatleute an den Rand des Ruins.

39 (1) Zu all den Katastrophen und Schandtaten, die der

quaedam et fortuita: pestilentia unius autumni, quo tri-
ginta funerum milia in rationem Libitinae uenerunt; clades
Britannica, qua duo praecipua oppida magna ciuium so-
ciorumque caede direpta sunt; ignominia ad Orientem legionibus in Armenia sub iugum missis aegreque Syria
retenta.
Mirum et uel praecipue notabile inter haec fuerit nihil
eum patientius quam maledicta et conuicia hominum tu-
lisse, neque in ullos leniorem quam qui se dictis aut car-
minibus lacessissent extitisse. (2) multa Graece Latineque
proscripta aut uulgata sunt, sicut illa:

Νέρων Ὀρέστης Ἀλκμέων μητροκτόνος.

νεόψηφον· Νέρων ἰδίαν μητέρα ἀπέκτεινε.

Quis negat Aeneae magna de stirpe Neronem?
    sustulit hic matrem, sustulit ille patrem.

Dum tendit citharam noster, dum cornua Parthus,
    noster erit Paean, ille Hecatebeletes.

Roma domus fiet: Veios migrate, Quirites,
    si non et Veios occupat ista domus.

sed neque auctores requisiit et quosdam per indicem delatos
ad senatum adfici grauiore poena prohibuit. (3) transeuntem

Kaiser selbst verschuldet hatte, kamen auch noch äußere Schicksalsschläge. So füllte die Pest im Laufe eines Herbstes die Sterbeliste der Libitina[114] mit 30 000 Leichenbegängnissen; die Niederlage in Britannien[115] hatte zur Folge, daß zwei bedeutende Städte zerstört und ein Blutbad unter römischen Bürgern und Bundesgenossen angerichtet wurde. Dazu kam die Schmach im Orient, wo in Armenien die Legionen unters Joch geschickt wurden und Syrien nur mit knapper Mühe gehalten werden konnte.[116]

Man muß sich darüber wundern, und es ist vielleicht besonders bemerkenswert, daß der Kaiser nichts so geduldig hinnahm wie die Schimpf- und Spottreden des Volkes und daß er gegen niemanden so langmütig war wie gegen die Verfasser von Witzen oder Spottgedichten. (2) Vieles Derartige wurde in griechischer wie in lateinischer Sprache[117] öffentlich angeschlagen oder anderweitig verbreitet, wie z. B. folgende Verse:

Nero, Orest, Alkmäon[118]: Muttermörder sind's!

Auf beiden Seiten das gleiche: Nero macht' seine Mutter
zur Leiche![119]

Wer leugnet's, daß Aeneas und Nero aus dem gleichen
Hort?
Der eine schaffte die Mutter, der andre den Vater fort![120]

Unser Herrscher spannt die Saiten der Leier, der Parther
den Bogen,
Unserer ist der Sänger, jener der Schütze Apollon![121]

Rom wird zu einem einzigen Haus: Wandert aus, ihr
Römer, nach Veji,
Wenn nicht dieses Haus auch noch Veji vereinnahmt.[122]

Er unternahm jedoch keinerlei Anstrengungen, den Verfassern auf die Spur zu kommen, ja er verhinderte es sogar, daß derartige Leute, die von Denunzianten beim Senat angezeigt worden waren, allzu hart bestraft wurden.[123] (3)

eum Isidorus Cynicus in publico clara uoce corripuerat, quod
Naupli mala bene cantitaret, sua bona male disponeret; et
Datus Atellanarum histrio in cantico quodam

    ὑγίαινε πάτερ, ὑγίαινε μῆτερ

ita demonstrauerat, ut bibentem natantemque faceret, exitum scilicet Claudi Agrippinaeque significans, et in
nouissima clausula

    Orcus uobis ducit pedes

senatum gestu notarat. histrionem et philosophum Nero
nihil amplius quam urbe Italiaque summouit, uel contemp-
tu omnis infamiae uel ne fatendo dolorem irritaret in-
genia.
40 (1) Talem principem paulo minus quattuordecim annos
perpessus terrarum orbis tandem destituit, initium facienti-
bus Gallis duce Iulio Vindice, qui tum eam prouinciam
pro praetore optinebat.
(2) Praedictum a mathematicis Neroni olim erat fore ut
quandoque destitueretur; unde illa uox eius celeberrima:
›τὸ τέχνιον ἡμᾶς διατρέφει‹, quo maiore scilicet uenia
meditaretur citharoedicam artem, principi sibi gratam,
priuato necessariam. spoponderant tamen quidam destituto
Orientis dominationem, nonnulli nominatim regnum Hiero-

Isidorus, ein Anhänger der kynischen Philosophenschule, hatte ihm einmal im Vorbeigehen auf offener Straße laut und deutlich vorgeworfen, er wisse zwar die schlechten Taten des Nauplius[124] gut vorzutragen, seine eigenen guten Gaben aber schlecht anzuwenden. Der Atellanenschauspieler[125] Datus hatte in einem Gesangsstück die Worte

Leb wohl, Vater! Leb wohl, Mutter!

mit Gebärden begleitet, die einmal Trinken und einmal Schwimmen bezeichneten. Dadurch hatte er auf den Tod des Claudius und der Agrippina angespielt. Und beim Schlußvers

Orkus hat euch bei den Füßen schon!

zeigte er mit einer Handbewegung auf den Senat.[126] Nero tat jedoch dem Schauspieler wie dem Philosophen nichts Ärgeres zuleide, als sie aus Rom und Italien auszuweisen. Vielleicht war er gegen üble Nachrede jeder Art gleichgültig bis zur Verachtung, vielleicht wollte er sich auch nur nicht getroffen zeigen, um die Gemüter nicht noch mehr zu erhitzen.

40 (1) Einen solchen Herrscher hatte sich die Welt nahezu vierzehn Jahre lang gefallen lassen, bis sie endlich doch mit ihm Schluß machte. Den ersten Schritt unternahmen die Gallier unter Führung des Julius Vindex, der diese Provinz damals als Proprätor verwaltete.[127]

(2) Einstmals hatten die Astrologen Nero prophezeit, er werde irgendwann seinen Thron verlieren, und er hatte bei dieser Gelegenheit das später weltbekannte Wort geprägt: »Die Kunst ernährt überall ihren Mann.«[128] Damit wollte er ohne Zweifel seine Tätigkeit als Kitharasänger rechtfertigen, die ihm als Kaiser zum Vergnügen, als Privatmann aber zum Broterwerb diene. Indessen hatten ihm einige dieser Wahrsager für den Fall seiner Absetzung die Herrschaft über den Orient fest zugesagt, andere nannten ausdrücklich ein Königreich Jerusalem, und mehrere kündig-

solymorum, plures omnis pristinae fortunae restitutionem.
cui spei pronior, Britannia Armeniaque amissa ac rursus
utraque recepta, defunctum se fatalibus malis existimabat.
(3) ut uero consulto Delphis Apolline septuagensimum ac
tertium annum cauendum sibi audiuit, quasi eo demum
obiturus, ac nihil coniectans de aetate Galbae, tanta fiducia non modo senectam sed etiam perpetuam singularem-
que concepit felicitatem, ut amissis naufragio pretiosissi-
mis rebus non dubitauerit inter suos dicere pisces eas
sibi relaturos.
(4) Neapoli de motu Galliarum cognouit die ipso quo
matrem occiderat, adeoque lente ac secure tulit ut gauden-
tis etiam suspicionem praeberet tamquam occasione nata
spoliandarum iure belli opulentissimarum prouinciarum;
statimque in gymnasium progressus certantis athletas effu-
sissimo studio spectauit. cenae quoque tempore interpella-
tus tumultuosioribus litteris hactenus excanduit, ut malum
iis qui descissent minaretur. denique per octo continuos
dies non rescribere cuiquam, non mandare quid aut prae-
cipere conatus rem silentio oblit[t]erauit.
41 (1) Edictis tandem Vindicis contumeliosis et frequenti-
bus permotus senatum epistula in ultionem sui reique pu-

ten ihm an, er werde sein ganzes Reich wiedergewinnen.
Diese Vorstellung gefiel ihm natürlich am besten, und als
er Britannien und Armenien verloren und beide Länder
dann wiedergewonnen hatte,[129] gab er sich dem Glauben
hin, jene Unglücksprophezeiung habe sich nunmehr erfüllt.
(3) Als er dann aber das Orakel des Apollon in Delphi
befragte und die Antwort erhielt, er solle sich vor dem
dreiundsiebzigsten Jahr in acht nehmen, dachte er nur
daran, daß er erst in diesem Alter sterben werde, und ihm
kam gar nicht der Gedanke, daß hier die Lebensjahre Gal-
bas gemeint sein könnten.[130] Voller Zuversicht erwartete er
nicht nur ein hohes Alter, sondern darüber hinaus ein Leben voll ungetrübten, einzigartigen Glückes. Als er einmal
bei einem Schiffbruch höchst kostbare Edelsteine eingebüßt
hatte, meinte er unbedenklich zu seinen Freunden: »Die
Fische werden sie mir schon wiederbringen.«[131]
(4) In Neapel erhielt er die Nachricht vom Aufstand der
gallischen Provinzen; es war gerade an dem Tag, an dem
er einst seine Mutter ermordet hatte. Er nahm die Nachricht so ruhig und gelassen auf, daß man sogar auf den
Gedanken kommen konnte, er freue sich darüber, weil ihm
damit die Gelegenheit gegeben war, diese überaus reichen
Provinzen nach dem Kriegsrecht ausplündern zu können.
Auch begab er sich unmittelbar darauf in das Gymnasium
und schaute mit leidenschaftlicher Anteilnahme bei den
Athletenwettkämpfen zu. Beim Abendessen wurde er durch
alarmierende Depeschen aus seiner Ruhe aufgestört, doch
konnte ihn auch dies nur soweit in Erregung bringen, daß
er den Rebellen Rache androhte. Kurz, ganze acht Tage
lang konnte er sich nicht dazu aufraffen, jemandem eine
Antwortdepesche zu schicken oder irgendwelche Anweisun-
gen oder Befehle zu erteilen, er schwieg die Sache einfach
tot.
41 (1) Erst die zahlreichen Edikte des Vindex voller be-
leidigender Angriffe brachten ihn dazu, den Senat in einem
Handschreiben aufzufordern, ihm und dem Staat Genug-

blicae adhortatus est, excusato languore faucium, propter
quem non adesset. nihil autem aeque doluit, quam ut malum se citharoedum increpitum ac pro Nerone Ahenobar-
bum appellatum; et nomen quidem gentile, quod sibi per
contumeliam exprobraretur, resumpturum se professus est
deposito adoptiuo, cetera conuicia, ut falsa, non alio argu-
mento refellebat, quam quod etiam inscitia sibi tanto opere
⟨e⟩laboratae perfectaeque a se artis obiceretur, singulos
subinde rogitans, nossentne quemquam praestantiorem.
(2) Sed urgentibus aliis super alios nuntiis Romam prae-
trepidus rediit; leuiterque modo in itinere friuolo auspicio
mente recreata, cum adnotasset insculptum monumento
militem Gallum ab equite R. oppressum trahi crinibus, ad
eam speciem exiluit gaudio caelumque adorauit. ac ne tunc
quidem aut senatu aut populo coram appellato quosdam
e primoribus uiris domum euocauit transactaque raptim
consultatione reliquam diei partem per organa ⟨h⟩ydrau-
lica noui et ignoti generis circumduxit, ostendensque singula, de ratione ac difficultate cuiusque disserens, iam se
etiam prolaturum omnia in theatrum affirmauit, si per
Vindicem liceat.
42 (1) Postquam deinde etiam Galbam et Hispanias desci-
uisse cognouit, conlapsus animoque male facto diu sine
uoce et prope intermortuus iacuit, utque resipiit, ueste

tuung zu verschaffen. Als Entschuldigung dafür, daß er
nicht persönlich kam, nannte er eine Halsentzündung. Am
meisten hatte es ihn getroffen, daß ihn Vindex als mise-
rablen Kitharasänger bezeichnet und ihn Ahenobarbus statt
Nero genannt hatte.[132] Er gab daraufhin bekannt, er werde
seinen Familiennamen, den man ihm wie einen Schimpfna-
men anhänge, wieder annehmen und seinen Adoptivnamen
ablegen. Die anderen Vorwürfe hielt er für so an den
Haaren herbeigezogen, daß er zu seiner Rechtfertigung nur
auf das eine hinwies: man bezeichne ihn als Ignoranten in
einer Kunst, der er sich mit soviel Hingabe gewidmet und
in der er eine solche Meisterschaft erreicht habe. Und er
stellte immer wieder an einzelne die Frage, ob sie jeman-
den nennen könnten, der ein größerer Künstler sei als er.
(2) Als sich nun aber die Unglücksbotschaften jagten, geriet er in Panik und kehrte nach Rom zurück. Unterwegs
wurde ihm ein wenig leichter ums Herz, als ihm vor in
sich unbedeutendes Vorzeichen begegnete. Er sah nämlich
ein Relief, auf dem ein gallischer Krieger abgebildet war,
der von einem römischen Ritter niedergeworfen und an den
Haaren fortgeschleift wurde. Bei diesem Anblick sprang er
vor Freude in die Höhe und dankte dem Himmel. Aber
auch nach seiner Ankunft in Rom sprach er weder vor dem
Volk noch vor dem Senat, sondern ließ lediglich einige
führende Männer in seinen Palast kommen, mit denen er
sich aber nur kurz über die politische Lage beriet. Den
Rest des Tages brachte er vielmehr damit zu, ihnen Was-
serorgeln mit einer neuartigen, bisher unbekannten Mecha-
nik vorzuführen. Er zeigte ihnen die einzelnen Teile, ver-
breitete sich über das Funktionieren und den komplizierten
Mechanismus der Instrumente und erklärte, er werde sie
demnächst alle im Theater vorführen, »die gütige Erlaubnis
des Vindex vorausgesetzt«.
42 (1) Als dann die Nachricht kam, auch Galba und die
spanischen Provinzen seien abgefallen, sank Nero ohnmäch-
tig zu Boden und blieb längere Zeit ohne Bewußtsein,

discissa, capite conuerberato, actum de se pronuntiauit
consolantique nutriculae et aliis quoque iam principibus
similia accidisse memoranti, se uero praeter ceteros inau-
dita et incognita pati respondit, qui summum imperium
uiuus amitteret. (2) nec eo setius quicquam ex consuetudine
luxus atque desidiae omisit uel inminuit; quin immo, cum
prosperi quiddam ex prouinciis nuntiatum esset, super
abundantissimam cenam iocularia in defectionis duces carmina lasciueque modulata, quae uulgo notuerunt, etiam
gesticulatus est; ac spectaculis theatri clam inlatus cuidam
scaenico placenti nuntium misit abuti eum occupationibus
suis.

43 (1) Initio statim tumultus multa et inmania, uerum
non abhorrentia a natura sua creditur destinasse: successores
percussoresque summittere exercitus et prouincias regenti-
bus, quasi conspiratis idemque et unum sentientibus; quidquid ubique exulum, quidquid in urbe hominum Gallica-
norum esset contrucidare, illos ne desciscentibus adgre-
garentur, hos ut conscios popularium suorum atque fautores; Gallias exercitibus diripiendas permittere; senatum
uniuersum ueneno per conuiuia necare; urbem incendere
feris in populum immissis, quo difficilius defenderentur.
(2) sed absterritus non tam paenitentia quam perficiendi

stumm und wie tot liegen. Nachdem er wieder zu sich
gekommen war, zerriß er seine Kleider, schlug sich vor
den Kopf und rief laut: »Es ist aus mit mir!« Seine Amme
suchte ihn zu trösten und erinnerte ihn daran, daß auch anderen Herrschern schon Ähnliches begegnet sei. Darauf gab
er zur Antwort: »Mein Unglück ist ohne Beispiel, denn ich
verliere, während ich noch lebe, die Herrschaft über die
ganze Welt!« (2) Das alles konnte ihn freilich nicht dazu
bewegen, seinen üppigen Lebensstil und seinen Müßiggang
ganz oder auch nur teilweise aufzugeben. Ja als eine gün-
stige Nachricht aus den Provinzen eintraf, veranstaltete er
nicht nur ein überaus prunkvolles Festbankett mit allem
Überfluß, er trug auch – später allgemein bekannt gewor-
dene – Spottgedichte auf die Anführer der Rebellion vor,
mit lasziven Melodien, die er noch mit entsprechenden
Gesten untermalte. Er ließ sich auch heimlich ins Theater
bringen, und einem Schauspieler, der sich als Publikums-
liebling erwies, ließ er sagen, er nutze es ja kräftig aus,
daß der Kaiser anderweitig beschäftigt sei.[133]

43 (1) Gleich zu Beginn des Aufstandes soll er viele Maßnahmen geplant haben, die von unmenschlicher Grausamkeit waren, aber durchaus zu seinem Charakter paßten.
So wollte er die Befehlshaber der Armeen und die Statthalter der Provinzen abberufen und ermorden lassen, denn
sie seien ja alle einmütig gegen ihn verschworen. Alle
Verbannten, wo sie sich auch aufhielten, und alle Gallier,
die in Rom waren, wollte er niedermetzeln lassen, die einen, damit sie sich nicht der Verschwörung anschlössen, die
anderen, da sie ja Mitwisser und Helfershelfer ihrer Lands-
leute seien. Die gallischen Provinzen wollte er den Heeren
zur Plünderung preisgeben, sämtliche Mitglieder des Senats
sollten bei Banketten durch Gift beseitigt werden. Rom
würde er in Brand stecken und die wilden Tiere auf das
Volk loslassen, um dadurch die Löschmaßnahmen zu er-
schweren. (2) Von der Ausführung dieser Pläne schreckte
ihn jedoch nicht so sehr sein Gewissen ab, er sah vielmehr

desperatione credensque expeditionem necessariam, consules
ante tempus priuauit honore atque in utriusque locum solus iniit consulatum, quasi fatale esset non posse Gallias
debellari nisi a consule. ac susceptis fascibus cum post
epulas triclinio digrederetur, innixus umeris familiarium
affirmauit, simul ac primum prouinciam attigisset, inermem
se in conspectum exercituum proditurum nec quicquam
aliud quam fleturum, reuocatisque ad paenitentiam defec-
toribus insequenti die laetum inter laetos cantaturum epi-
nicia, quae iam nunc sibi componi oporteret.

44 (1) In praeparanda expeditione primam curam habuit
deligendi uehicula portandis scaenicis organis concubinas-
que, quas secum educeret, tondendi ad uirilem modum et
securibus peltisque Amazonicis instruendi. mox tribus ur-
banas ad sacramentum citauit ac nullo idoneo respondente
certum dominis seruorum numerum indixit; nec nisi ex tota
cuiusque familia probatissimos, ne dispensatoribus quidem
aut amanuensibus exceptis, recepit. (2) partem etiam census
omnes ordines conferre iussit et insuper inquilinos priuatarum aedium atque insularum pensionem annuam reprae-
sentare fisco; exegitque ingenti fastidio et acerbitate nummum asperum, argentum pustulatum, aurum ad obrussam,
ut plerique omnem collationem palam recusarent, consensu
flagitantes a delatoribus potius reuocanda praemia quaecum-

keine Möglichkeit, sie durchzuführen. Auch war er inzwischen zu der Überzeugung gelangt, daß ein militärisches Eingreifen unumgänglich sei, und deshalb enthob er die Konsuln vorzeitig ihres Amtes und trat an beider Stelle allein das Konsulat an, angeblich weil es vom Schicksal bestimmt sei, daß Gallien nur von ihm als Konsul besiegt werden könne. Als er das Amt angetreten hatte, verkündete er, während er von der Tafel aufstand und, auf die Schultern seiner Vertrauten gestützt, den Speisesaal verließ: Sobald er nur gallischen Boden betreten habe, wolle er unbewaffnet vor die Soldaten hintreten und nichts anderes tun als Tränen vergießen.[134] Wenn er die Rebellen dann so weit gebracht habe, daß sie ihr Handeln bereuten, werde er tags darauf fröhlich unter Fröhlichen die Siegeslieder singen, an deren Komposition er sich jetzt begeben müsse.

44 (1) Bei den Vorbereitungen für den Feldzug kümmerte er sich vor allem darum, Fahrzeuge auszuwählen, auf denen er seine Theaterutensilien befördern könnte. Seinen Mätressen, die er mitnehmen wollte, ließ er einen Männerhaarschnitt machen und sie mit Streitäxten und Schilden wie Amazonen ausrüsten. Dann entbot er die Bürger nach Stadtbezirken zum Fahneneid. Da sich aber keine dienstfähigen Leute meldeten, forderte er die Sklavenbesitzer auf, eine bestimmte Anzahl Sklaven zu stellen. Er nahm aus jedem Haus jeweils nur die besten und gestattete auch bei Verwaltern und Sekretären keine Ausnahme. (2) Zugleich mußten alle Stände einen Teil ihres Vermögens abgeben, und obendrein hatten sogar die Mieter, die in Privat- oder Miethäusern wohnten, den Betrag einer Jahresmiete an die Staatskasse zu zahlen. Dabei ging er mit solch unbarmherziger Genauigkeit und Strenge vor, daß er nur scharf geprägte Sesterzen und Münzen nur von feinstem Silber und reinstem Gold annahm.[135] Damit brachte er die Leute soweit, daß viele ganz offen jede Zahlung verweigerten und einstimmig forderten, er solle sich lieber von den Denunzianten die Prämien zurückzahlen lassen, die

que cepissent. **45** (1) Ex annonae quoque caritate lucranti
adcreuit inuidia; nam et forte accidit, ut in publica fame
Alexandrina nauis nuntiaretur puluerem luctatoribus auli-
cis aduexisse.

(2) Quare omnium in se odio incitato nihil contumeliarum
defuit quin subiret. statuae eius a uertice cirrus appositus
est cum inscriptione Graeca nunc demum agona esse, et
traderet tandem. alterius collo ascopa deligata simulque
titulus: ›ego egi quod potui, sed tu culleum meruisti.‹
ascriptum et columnis, etiam Gallos eum cantando exci-
tasse. iam noctibus iurgia cum seruis plerique simulantes
crebro Vindicem poscebant.

46 (1) Terrebatur ad hoc euidentibus portentis somniorum
et auspiciorum et ominum, cum ueteribus tum nouis. numquam antea somniare solitus occisa demum matre uidit per
quietem nauem sibi regenti extortum gubernaculum trahi-
que se ab Octauia uxore in artissimas tenebras et modo
pinnatarum formicarum multitudine oppleri, modo a simu-
lacris gentium ad Pompei theatrum dedicatarum circumiri
arcerique progressu; asturconem, quo maxime laetabatur,
posteriore corporis parte in simiae speciem transfiguratum
ac tantum capite integro hinnitus edere canoros. (2) de
Mausoleo, sponte foribus patefactis, exaudita uox est nomine eum cientis. Kal. Ian. exornati Lares in ipso sacri-

sie von ihm bekommen hätten. **45** (1) Die feindselige Gesinnung gegen ihn wuchs noch, da er um seines eigenen Vorteils willen die Notlage in der Getreideversorgung verschlimmerte. Es geschah nämlich folgendes: Während die Bevölkerung gerade Hunger litt, meldete man das Eintreffen eines Schiffes aus Alexandria – und dieses brachte feinen Sand für die Ringkämpfer am kaiserlichen Hof. (2) So hatte er nun den Haß von allen Seiten auf sich gezogen und mußte jede nur erdenkliche Beschimpfung über sich ergehen lassen. Man setzte einer seiner Statuen einen Lockenschmuck[136] auf, an dem eine griechische Inschrift befestigt war: Jetzt erst sei der wahre Wettkampf da, und er müsse endlich abtreten. Einer anderen Statue band man einen Ledersack um den Hals und schrieb darunter: »Ich habe gegeben, was ich konnte, jetzt hast du dir den Sack verdient.«[137] Auch die Säulen trugen Inschriften, auf denen stand: »Selbst die Hähne hat er mit seinem Singen aufgeweckt.«[138] Ja des Nachts taten viele Leute so, als ob sie Streit mit ihren Sklaven hätten, und riefen in einem fort nach dem Vindex.[139]
46 (1) Dazu geriet er noch in Angst und Schrecken durch böse Vorzeichen, die sich ihm jetzt wie auch schon früher in aller Deutlichkeit in Träumen, Auspizien und Unheilszeichen offenbarten. Er, der vorher niemals Träume hatte, träumte nach der Ermordung seiner Mutter auf einmal, er steuere ein Schiff und man reiße ihm das Steuerruder aus den Händen. Oder seine Gattin Octavia zerre ihn in eine enge, finstere Schlucht, und dann träumte er, er sei bedeckt von Schwärmen geflügelter Ameisen oder die Statuen der unterworfenen Völker aus dem Pompeiustheater umringten ihn und ließen ihn nicht weitergehen. Dann wieder war es ihm, als ob sein spanisches Lieblingspferd sich in einen Affen verwandelte bis auf den Kopf, mit dem es ein helles Gewieher ausstieß. (2) Am Mausoleum des Augustus sprangen von selbst die Türen auf, und man hörte eine Stimme, die Neros Namen rief. Am ersten Januar stürzten wäh-

ficii apparatu conciderunt; auspicanti Sporus anulum muneri optulit, cuius gemmae scalptura erat Proserpinae rap-
tus; uotorum nuncupatione, magna iam ordinum frequentia, uix repertae Capitolii claues. (3) cum ex oratione eius,
qua in Vindicem perorabat, recitaretur in senatu daturos
poenas sceleratos ac breui dignum exitum facturos, con-
clamatum est ab uniuersis: ›tu facies, Auguste.‹ obseruatum
etiam fuerat nouissimam fabulam cantasse eum publice
›Oedipodem exulem‹ atque in hoc desisse uersu:

θανεῖν μ' ἄνωγε σύγγαμος, μήτηρ, πατήρ.

47 (1) Nuntiata interim etiam ceterorum exercituum de-
fectione litteras prandenti sibi redditas concerpsit, mensam
subuertit, duos scyphos gratissimi usus, quos Homerios a
caelatura carminum Homeri uocabat, solo inlisit ac sumpto
a Lucusta ueneno et in auream pyxidem condito transiit in
hortos Seruilianos, ubi praemissis libertorum fidissimis
Ostiam ad classem praeparandam tribunos centurionesque
praetorii de fugae societate temptauit. (2) sed partim ter-
giuersantibus, partim aperte detrectantibus, uno uero etiam
proclamante:

usque adeone mori miserum est?

uarie agitauit, Parthosne an Galbam supplex peteret, an
atratus prodiret in publicum proque rostris quanta maxima

rend der Vorbereitungen zum Opfer die bereits festlich geschmückten Bilder der Laren zu Boden. Als er selbst dann die Auspizien vornahm, überreichte ihm Sporus einen Ring zum Geschenk mit einer Gemme, in die der Raub der Proserpina eingeschnitten war.[140] Nun sollten die öffentlichen Gelübde[141] dargebracht werden, alle Stände waren bereits zahlreich versammelt, da konnte man lange Zeit die Schlüssel zum Kapitol nicht finden. (3) Im Senat wurde aus seiner Rede gegen Vindex die Stelle verlesen: »Die Frevler wird ihre Strafe treffen, und sie werden binnen kurzem ihr verdientes Ende erreichen.« Da riefen alle einstimmig: »Das wirst du auch erreichen, Augustus!« Es war auch nicht unbemerkt geblieben, daß das letzte Stück, in dem er aufgetreten war, »Der verbannte Ödipus« geheißen und Neros letzter Vers gelautet hatte:

Es fordern Gattin, Mutter, Vater meinen Tod![142]

47 (1) Inzwischen war die Nachricht eingetroffen, daß sich auch die übrigen Heere der Rebellion angeschlossen hätten. Er zerriß die Depeschen, die man ihm beim Mittagessen übergeben hatte, in kleine Stücke, stieß den Tisch um und schmetterte zwei Pokale zu Boden, die ihm besonders lieb waren und die er die Homerischen nannte, weil auf ihnen Szenen aus Homer eingraviert waren. Dann ließ er sich von Locusta Gift bringen, tat es in ein goldenes Döschen und begab sich hinüber in den Servilischen Park. Von hier aus sandte er seine treuesten Freigelassenen nach Ostia voraus, um die Flotte zur Ausfahrt rüsten zu lassen, und suchte die Tribunen und Zenturionen der Prätorianergarde zu bereden, ihn auf seiner Flucht zu begleiten. (2) Aber die einen machten Ausflüchte, die anderen weigerten sich ganz offen, und einer rief sogar laut aus:

Ist denn das Sterben so schlimm?[143]

Daraufhin schwankte er zwischen verschiedenen Plänen hin und her: ob er sich schutzflehend an die Parther oder an

posset miseratione ueniam praeteritorum precaretur, ac ni
flexisset animos, uel Aegypti praefecturam concedi sibi
oraret. inuentus est postea in scrinio eius hac de re sermo
formatus; sed deterritum putant, ne prius quam in forum
perueniret discerperetur.

(3) Sic cogitatione in posterum diem dilata ad mediam
fere noctem excitatus, ut comperit stationem militum re-
cessisse, prosiluit e lecto misitque circum amicos, et quia
nihil a quoquam renuntiabatur, ipse cum paucis hospitia
singulorum adiit. uerum clausis omnium foribus, respondente nullo, in cubiculum rediit, unde iam et custodes diffuge-
rant, direptis etiam stragulis, amota et pyxide ueneni; ac
statim Spiculum murmillonem uel quemlibet alium percussorem, cuius manu periret, requisiit et nemine reperto:
›ergo ego‹, inquit, ›nec amicum habeo nec inimicum?‹
procurritque, quasi praecipitaturus se in Tiberim.

48 (1) Sed reuocato rursus impetu aliquid secretioris late-
brae ad colligendum animum desiderauit, et offerente
Phaonte liberto suburbanum suum inter Salariam et No-
mentanam uiam circa quartum miliarium, ut erat nudo
pede atque tunicatus, paenulam obsoleti coloris superinduit

Galba wenden solle, ob er in Trauerkleidern vors Volk treten und von der Rostra herab mit allen ihm zu Gebote stehenden Mitteln an das Mitleid appellieren und Verzeihung für seine früheren Taten erbitten solle. Und wenn er die Menge nicht erweichen könnte, ob er dann nicht wenigstens um die Statthalterschaft von Ägypten bitten solle. Man hat später wirklich in seinem Schreibpult unter seinen Papieren eine zu diesem Zweck ausgearbeitete Rede gefunden. Er gab diesen Plan aber wieder auf; er befürchtete wohl, das Volk werde ihn in Stücke reißen, ehe er noch das Forum erreicht hätte.

(3) So verschob er denn seinen Entschluß auf den nächsten Tag, wurde aber um Mitternacht aus dem Schlaf aufgeschreckt und erfuhr, daß die Palastwache abgezogen sei. Er sprang aus dem Bett und schickte nach seinen Freunden. Als er von keinem eine Antwort erhielt, machte er sich selbst mit wenigen Begleitern nach den Wohnräumen der einzelnen auf. Er fand sämtliche Türen verschlossen, niemand gab Antwort. Da kehrte er in sein Schlafgemach zurück, aus dem bereits die Leibwächter geflohen waren, nachdem sie zuvor noch die Bettdecken an sich gerafft und sogar das Döschen mit dem Gift mitgenommen hatten. Er ließ sogleich nach dem Gladiator Spiculus oder irgendeinem anderen guten Fechter schicken, um sich von dessen Hand den Tod geben zu lassen. Aber es war niemand zu finden, und er rief aus: »Habe ich denn weder Freund noch Feind?« und eilte aus dem Palast, als ob er sich in den Tiber stürzen wollte.

48 (1) Indessen besann er sich ebenso plötzlich wieder anders und sprach den Wunsch nach einem abgelegenen Zufluchtsort aus, wo er wieder zu sich kommen könne. Sein Freigelassener Phaon bot ihm sein Landgut an, das in der Nähe der Stadt zwischen der Salarischen und der Nomentanischen Straße etwa am vierten Meilenstein gelegen war. So wie er war, barfuß und nur mit der Tunika bekleidet, warf er einen alten, verblichenen Mantel über, zog die

adopertoque capite et ante faciem optento sudario equum
inscendit, quattuor solis comitantibus, inter quos et Sporus erat. (2) statimque tremore terrae et fulgure aduerso
pauefactus audiit e proximis castris clamorem militum et
sibi aduersa et Galbae prospera ominantium, etiam ex
obuiis uiatoribus quendam dicentem: ›hi Neronem perse-
quuntur‹, alium sciscitantem: ›ecquid in urbe noui de Nerone?‹ equo autem ex odore abiecti in uia cadaueris con-
sternato, detecta facie agnitus est a quodam missicio prae-
toriano et salutatus. (3) ut ad deuerticulum uentum est,
dimissis equis inter fruticeta ac uepres per harundineti
semitam aegre nec nisi strata sub pedibus ueste ad ⟨a⟩uer-
sum uillae parietem euasit. ibi hortante eodem Phaonte, ut
interim in specum egestae harenae concederet, negauit se
uiuum sub terram iturum, ac parumper commoratus, dum
clandestinus ad uillam introitus pararetur, aquam ex sub-
iecta lacuna poturus manu hausit et: ›haec est‹, inquit,
›Neronis decocta.‹ (4) dein diuolsa sentibus paenula traiec-
tos surculos rasit, atque ita quadripes per angustias effossae
cauernae receptus in proximam cellam decubuit super
lectum modica culcita, uetere pallio strato, instructum;
fameque et iterum siti interpellante panem quidem sordi-
dum oblatum aspernatus est, aquae autem tepidae aliquan-
tum bibit. **49** (1) Tunc uno quoque hinc inde instante ut

Kapuze über den Kopf, band sich ein Tuch vors Gesicht und sprang aufs Pferd, nur vier Leute begleiteten ihn, darunter Sporus. (2) Ein Erdstoß und ein Blitz, der gerade vor ihm niederfuhr, versetzten ihn in Schrecken, und zur gleichen Zeit hörte er vom nahen Lager her das Geschrei der Soldaten, die aus diesem Vorzeichen ihm den Untergang und dem Galba Glück prophezeiten. Dazu hörte er von entgegenkommenden Reisenden einen sagen: »Die verfolgen den Nero!«, und ein anderer wollte wissen: »Was gibt es in der Stadt Neues über Nero?« In dem Augenblick scheute sein Pferd vom Gestank eines Leichnams, der auf der Landstraße lag, das Tuch fiel ihm vom Gesicht, und ein ausgedienter Prätorianer erkannte und grüßte ihn. (3) Als sie an dem Zufahrtsweg angekommen waren, ließen sie die Pferde laufen, und Nero gelangte durch Gebüsch und Dorngestrüpp auf einem Fußpfad durchs Röhricht endlich zur Rückwand des Hauses, und auch das nur mit vieler Mühe und nur mit Hilfe von Kleidungsstücken, die man ihm unter die Füße breitete. Hier angelangt, redete ihm der vorher erwähnte Phaon zu, sich zunächst einmal in einer Sandgrube zu verstecken. Er lehnte das aber mit der Begründung ab, er wolle nicht schon zu Lebzeiten unter die Erde gehen. Er mußte eine Weile warten, während man heimlich einen Zugang zur Villa grub, und um seinen Durst zu stillen, schöpfte er sich mit der Hand Wasser aus einer nahen Pfütze. »Das ist jetzt Neros Eisgetränk[144]!« sagte er dabei. (4) Dann kroch er in seinem von Dornen zerrissenen Mantel durchs Gestrüpp, zwängte sich auf allen Vieren durch ein enges Loch, das man gegraben hatte, und gelangte so in die nächstliegende Kammer. Hier warf er sich auf das Lager, das aus einer schäbigen Matratze bestand, über die ein alter Mantel geworfen war. Mittlerweile bekam er Hunger und wieder Durst, wies aber das Schwarzbrot zurück, das man ihm anbot, von dem lauwarmen Wasser trank er dagegen eine ganze Menge. **49** (1) Als nun

quam primum se impendentibus contumeliis eriperet, scro-
bem coram fieri imperauit dimensus ad corporis sui mo-
dulum, componique simul, si qua inuenirentur, frusta marmoris et aquam simul ac ligna conferri curando mox ca-
daueri, flens ad singula atque identidem dictitans: ›qualis
artifex pereo!‹

(2) Inter moras perlatos a cursore Phaonti codicillos
praeripuit legitque se hostem a senatu iudicatum et quaeri,
ut puniatur more maiorum, interrogauitque quale id genus
esset poenae; et cum comperisset nudi hominis ceruicem
inseri furcae, corpus uirgis ad necem caedi, conterritus
duos pugiones, quos secum extulerat, arripuit temptataque
utriusque acie rursus condidit, causatus nondum adesse fa-
talem horam. (3) ac modo Sporum hortabatur ut lamen-
tari ac plangere inciperet, modo orabat ut se aliquis ad
mortem capessendam exemplo iuuaret; interdum segnitiem
suam his uerbis increpabat: ›uiuo deformiter, turpiter – οὐ
πρέπει Νέρωνι, οὐ πρέπει – νήφειν δεῖ ἐν τοῖς τοιούτοις –
ἄγε ἔγειρε σεαυτόν.‹ iamque equites appropinquabant,
quibus praeceptum erat ut uiuum eum adtraherent. quod
ut sensit, trepidanter effatus:

ἵππων μ᾽ ὠκυπόδων ἀμφὶ κτύπος οὔατα βάλλει

ferrum iugulo adegit iuuante Epaphrodito a libellis. (4)

seine Begleiter einer nach dem andern in ihn drangen,
er solle sich doch möglichst rasch der drohenden Schmach entziehen, gab er den Befehl, vor seinen Augen ein Grab zu
graben, das seinem Körpermaß angepaßt war, und womög-
lich ein paar Stücke Marmor zusammenzubringen, dazu
Wasser und Holz bereitzustellen, um seinem Leichnam sogleich die letzte Ehre zu erweisen. Während dieser Anord-
nungen vergoß er Tränen und brach immer wieder in die
Worte aus: »Welch ein Künstler geht mit mir zugrunde!«
(2) Während er so die Zeit hinzog, kam ein Kurier
Phaons mit einigen Depeschen an. Er riß sie ihm aus der
Hand und las, der Senat habe ihn zum Staatsfeind erklärt
und fahnde nach ihm, um an ihm nach der Sitte der Vor-
fahren die Strafe zu vollstrecken. Da fragte er, was das für
eine Strafe sei, und erfuhr, der Verurteilte werde dabei
nackt mit dem Hals in das Gabelholz[145] geschlossen und
mit Ruten zu Tode gepeitscht. Entsetzt ergriff er zwei
Dolche, die er mitgenommen hatte, prüfte bei beiden die
Spitze – und steckte sie wieder ein, mit der Begründung,
die Schicksalsstunde sei noch nicht gekommen. (3) Dann
forderte er mehrmals den Sporus auf, die Totenklage an-
zustimmen, dann bat er wieder, es möge ihm doch einer
beim Selbstmord Hilfestellung leisten und es ihm vorma-
chen. Dazwischen schalt er sich wieder wegen seines Zau-
derns und rief aus: »Daß ich noch lebe, ist eine Schmach
und Schande! – Das ziemt sich nicht für einen Nero, nein,
das ziemt sich wirklich nicht! – In solcher Lage gilt's, be-
sonnen zu sein! – Auf, faß dir ein Herz!« Und schon
sprengten die Reiter heran, die den Befehl hatten, ihn
lebend zu fangen. Als er sie kommen hörte, sprach er in
Todesangst den Homerischen Vers:

> Donnernd schallt mir zu Ohren der Hufschlag eilender
> Rosse![146]

und stieß sich den Dolch in die Kehle, wobei ihm sein
Kabinettsekretär Epaphroditus Hilfestellung leisten muß-

semianimisque adhuc irrumpenti centurioni et paenula ad
uulnus adposita in auxilium se uenisse simulanti non aliud
respondit quam: ›sero‹ et: ›haec est fides.‹ atque in ea
uoce defecit, extantibus rigentibusque oculis usque ad
horrorem formidinemque uisentium. nihil prius aut magis
a comitibus exegerat quam ne potestas cuiquam capitis
sui fieret, sed ut quoquo modo totus cremaretur. permisit
hoc Icelus, Galbae libertus, non multo ante uinculis exolu-
tus, in quae primo tumultu coniectus fuerat.

50 (1) Funeratus est impensa ducentorum milium, stragulis
albis auro intextis, quibus usus Kal. Ian. fuerat. reliquias
Egloge et Alexandria nutrices cum Acte concubina gentili
Domitiorum monimento condiderunt, quod prospicitur e
campo Martio impositum colli Hortulorum. in eo monimento solium porphyretici marmoris, superstante Lunensi
ara, circumsaeptum est lapide Thasio.

51 (1) Statura fuit prope iusta, corpore maculoso et fetido,
subflauo capillo, uultu pulchro magis quam uenusto, oculis
caesis et hebetioribus, ceruice obesa, uentre proiecto, gra-
cillimis cruribus, ualitudine prospera: nam qui luxuriae
immoderatissimae esset, ter omnino per quattuordecim annos languit, atque ita ut neque uino neque consuetudine
reliqua abstineret; circa cultum habitumque adeo puden-
dus, ut comam semper in gradus formatam peregrinatione

te.[147] (4) Er war schon fast tot, als der Centurio herbei-
stürzte und seinen Mantel auf die Wunde preßte, um ihn
glauben zu machen, er sei ihm zu Hilfe gekommen. Da
konnte er noch die Worte hervorbringen: »Zu spät!« und:
»Das ist Treue!« Mit diesen Worten starb er, während ihm
zum schaudernden Entsetzen der Umstehenden die Augen
weitgeöffnet aus den Höhlen traten. Seine inständigste und
dringendste Bitte an seine Begleiter war es gewesen, sie
sollten nicht zulassen, daß ihm der Kopf abgeschlagen
würde. Sie sollten vielmehr seine Leiche unter allen Umständen unverstümmelt verbrennen. Dies wurde auch ge-
stattet, und zwar von Icelus, dem Freigelassenen des Galba, der zu Beginn des Aufstands ins Gefängnis geworfen
und eben erst befreit worden war.
50 (1) Nero wurde mit einem Kostenaufwand von 200 000
Sesterzen beigesetzt. Man hüllte ihn in den weißen, gold-
durchwirkten Ornat, den er am ersten Januar getragen
hatte. Seine Gebeine bestatteten Egloge und Alexandria,
seine Kinderfrauen, zusammen mit Acte, seiner Mätresse, in
der Familiengrabstätte der Domitier, die man vom Marsfeld aus hoch droben auf dem Gartenhügel[148] sehen kann.
In diesem Grabmal befindet sich sein Sarkophag aus Por-
phyr, darüber ein Altar aus Carraramarmor[149] und rings-
herum eine Einfassung aus thasischem Marmor.
51 (1) Nero war von ungefähr mittlerer Größe, sein Körper war mit Flecken bedeckt und übelriechend, das Haar
hellblond, die Gesichtszüge eher regelmäßig als anziehend,
die Augen blau und mit ziemlich schwacher Sehkraft. Dazu
hatte er einen übermäßig starken Nacken, einen hervor-
stehenden Bauch und sehr dünne Beine. Sein Gesundheits-
zustand war hervorragend. Denn trotz seiner unmäßigen
Lebensweise ist er in vierzehn Jahren nur ganze dreimal
krank gewesen, und selbst da hatte er weder das Trinken
noch sonst eine seiner Gewohnheiten aufgegeben. Was sein
Äußeres und seine Kleidung anging, so ging ihm dabei
jedes Gefühl für Anstand ab: Sein Haar, das er sonst im-

Achaica etiam pone uerticem summiserit ac plerumque
synthesinam indutus ligato circum collum sudario prodierit
in publicum sine cinctu et discalciatus.

52 (1) Liberalis disciplinas omnis fere puer attigit. sed a
philosophia eum mater auertit monens imperaturo con-
trariam esse; a cognitione ueterum oratorum Seneca prae-
ceptor, quo diutius in admiratione sui detineret. itaque ad
poeticam pronus carmina libenter ac sine labore composuit
nec, ut quidam putant, aliena pro suis edidit. uenere in
manus meas pugillares libellique cum quibusdam notissimis
uersibus ipsius chirographo scriptis, ut facile appareret non
tralatos aut dictante aliquo exceptos, sed plane quasi a cogi-
tante atque generante exaratos; ita multa et deleta et inducta
et superscripta inerant. habuit et pingendi fingendique
[maxime] non mediocre studium.

53 (1) Maxime autem popularitate efferebatur, omnium
aemulus, qui quoquo modo animum uulgi mouerent. exiit
opinio post scaenicas coronas proximo lustro descensurum
eum ad Olympia[m] inter athletas; nam et luctabatur as-
sidue nec aliter certamina gymnica tota Graecia spectauerat
quam brabeutarum more in stadio humi assidens ac, si

mer in stufenweise geordneten Locken um den Kopf trug,
ließ er auf seiner Griechenlandreise sogar lang auf den
Nacken herabwallen. Er zeigte sich auch häufig öffentlich
in einem leichten Hauskleid, ein Tuch um den Hals ge-
schlungen, ohne Gürtel und ohne feste Schuhe.

52 (1) In seiner Jugend hatte er sich mit beinahe allen
Künsten und Wissenschaften befaßt. Nur von der Philosophie hatte ihn die Mutter ferngehalten, da, wie sie erklärte, Philosophie für einen künftigen Herrscher nur hin-
derlich sei.[150] Von der Lektüre der alten Redner hielt ihn
sein Lehrer Seneca fern, damit er um so länger ein Bewun-
derer seines eigenen Rednertalents bleibe.[151] Also wandte
er seine Neigung der Dichtkunst zu; er schrieb gern und
ganz mühelos Verse, und es stimmt nicht, was einige behaupten, daß er die Werke anderer für seine eigenen aus-
gegeben habe. Ich habe selbst Schreibtafeln und Hefte in
den Händen gehabt mit einigen recht bekannten Versen,
die er eigenhändig niedergeschrieben hat, und dabei sieht
man auf den ersten Blick, daß diese weder irgendwoher
entlehnt noch nach dem Diktat eines anderen niedergeschrieben sind, sondern von jemand, der genau überlegt und aus
eigenem Können schafft, denn da ist vieles ausgetilgt
oder durchgestrichen und darübergeschrieben.[152] Auch der
Malerei und Bildhauerei hat er sich mit nicht geringem Erfolg gewidmet.

53 (1) Seine vorherrschende Neigung war jedoch die Gier
nach dem Beifall der Menge, und er war eifersüchtig auf
jeden, der, ganz gleich wie, das Volk für sich zu gewinnen
verstand. Man war allgemein überzeugt, nachdem er nun
auf der Bühne genug Lorbeer geerntet habe, wolle er sich
bei den nächsten Olympischen Spielen soweit erniedrigen,
sogar als Athlet aufzutreten. Er übte sich nämlich täglich
im Ringen, und bei den Athletenwettbewerben in ganz
Griechenland schaute er stets in der Rolle des Schiedsrich-
ters zu: Er saß auf dem Boden im Ring dicht bei den
Kämpfern, und wenn die kämpfenden Paare zu weit nach

qua paria longius recessissent, in medium manibus suis
protrahens. destinauerat etiam, quia Apollinem cantu, So-
lem aurigando aequiperare existimaretur, imitari et Her-
culis facta; praeparatumque leonem aiunt, quem uel claua
uel brachiorum nexibus in amphitheatri harena spectante
populo nudus elideret.

54 (1) Sub exitu quidem uitae palam uouerat, si sibi in-
columis status permansisset, proditurum se partae uictoriae
ludis etiam hydraulam et choraulam et utricularium ac
nouissimo die histrionem saltaturumque Vergili Turnum.
et sunt qui tradant Paridem histrionem occisum ab eo
quasi grauem aduersarium.

55 (1) Erat illi aeternitatis perpetuaeque famae cupido, sed
inconsulta. ideoque multis rebus ac locis uetere appellatione
detracta nouam indixit ex suo nomine, mensem quoque
Aprilem Neroneum appellauit; destinauerat et Romam
Neropolim nuncupare.

56 (1) Religionum usque quaque contemptor, praeter unius
Deae Syriae, hanc mox ita spreuit ut urina contami-
naret, alia superstitione captus, in qua sola pertinacissime
haesit, siquidem ⟨im⟩agunculam puellarem, cum quasi
remedium insidiarum a plebeio quodam et ignoto muneri
accepisset, detecta confestim coniuratione pro summo nu-

außen gerieten, schob er sie mit eigener Hand wieder in die Ringmitte. Noch etwas hatte er sich vorgenommen: Da man ja bereits von ihm sagte, er sei dem Apollo gleich in der Musik und dem Sonnengott in der Kunst des Wagenlenkens,[153] so wollte er nun auch noch die Taten des Herkules nachahmen. Ja man erzählte, er habe bereits einen Löwen abrichten lassen, den er nackt in der Arena des Amphitheaters vor den Augen des Volkes entweder mit der Keule erschlagen oder mit den Armen umschlingen und erwürgen wollte.

54 (1) Gegen Ende seines Lebens hatte er jedenfalls öffentlich folgendes Gelübde abgelegt: Falls ihm seine Herrschaft erhalten bleibe, wolle er bei den Spielen zur Feier seines Sieges auch als Wasserorgel- und Flötenspieler, als Dudelsackbläser und am Schlußtag als Ballettänzer auftreten, und zwar werde er in der Rolle des Turnus aus Vergils Aeneis zu sehen sein. Manche berichten sogar, er habe den Schauspieler Paris als einen gefährlichen Rivalen ermorden lassen.

55 (1) Er war beherrscht von einer heftigen, doch fehlgeleiteten Sehnsucht nach Unsterblichkeit und ewigem Ruhm. Aus diesem Streben heraus nahm er vielen Dingen und Orten ihre ursprüngliche Bezeichnung und nannte sie nach seinem Namen. So hieß der Monat April Neroneus, und er hatte auch vor, Rom in Neropolis umzubenennen.

56 (1) Für die Götterkulte hatte er sein ganzes Leben lang nur Verachtung übrig, nur mit der Syrischen Göttin[154] machte er eine Ausnahme. Doch auch diese war ihm bald so verächtlich, daß er ihr Bild mit Urin besudelte. Inzwischen war er nämlich einer anderen religiösen Schwärmerei verfallen, der einzigen, an der er unwandelbar festhielt. Er hatte von einem unbekannten Mann aus dem Volk eine kleine Mädchenstatuette geschenkt bekommen, die ihm als Talisman gegen Verschwörungen dienen sollte. Als nun unmittelbar darauf eine Verschwörung entdeckt wurde, verehrte er die Figur von da an als seine höchste Gottheit,

mine trinisque in die sacrificiis colere perseuerauit uole-
batque credi monitione eius futura praenoscere. ante pau-
cos quam periret menses attendit et extispicio nec umquam litauit.

57 (1) Obiit tricensimo et secundo aetatis anno, die quo
quondam Octauiam interemerat, tantumque gaudium publice praebuit, ut plebs pilleata tota urbe discurreret. et
tamen non defuerunt qui per longum tempus uernis aestiuis-
que floribus tumulum eius ornarent ac modo imagines
praetextatas in rostris proferrent, modo edicta quasi
uiuentis et breui magno inimicorum malo reuersuri. (2)
quin etiam Vologaesus Parthorum rex missis ad senatum
legatis de instauranda societate hoc etiam magno opere
orauit, ut Neronis memoria coleretur. denique cum post
uiginti annos adulescente me extitisset condicionis incer-
tae qui se Neronem esse iactaret, tam fauorabile nomen
eius apud Parthos fuit, ut uehementer adiutus et uix red-
ditus sit.

der er bis ans Ende seines Lebens dreimal am Tag ein Opfer brachte. Er wollte auch, daß man glaube, sie sage ihm die Zukunft voraus. Wenige Monate vor seinem Tode verlegte er sich auch auf die Eingeweideschau, doch konnte er keine günstigen Vorzeichen erhalten.

57 (1) Er starb in seinem zweiunddreißigsten Lebensjahr, und zwar an dem Tag, an dem er einst Octavia ermordet hatte, und das Volk freute sich so sehr über seinen Tod, daß es mit Freiheitsmützen[155] auf dem Kopf durch die ganze Stadt lief. Und doch gab es Leute, die lange Zeit noch sein Grab mit Frühlings- und Sommerblumen schmückten und bald Statuen von ihm, mit dem Senatorengewand bekleidet, auf der Rostra aufstellten, bald seine Edikte öffentlich anschlugen, als lebe er noch und werde demnächst wiederkehren und ein Strafgericht über seine Feinde abhalten. (2) Ja als der Partherkönig Vologeses eine Gesandtschaft an den Senat schickte, um das Bündnis mit den Römern zu erneuern, setzte er sich wahrhaftig mit allem Nachdruck dafür ein, daß man Neros Andenken die gebührende Ehre erweise.[156] Und als endlich zwanzig Jahre später – ich war damals noch jung – ein unbekannter Mann auftrat, der sich für Nero ausgab,[157] da hatte dieser Name bei den Parthern noch einen solchen Klang, daß sie den Mann mit Eifer unterstützten und sich nur mit Mühe dazu bewegen ließen, ihn auszuliefern.[158]

Anmerkungen zum Text

1 Castor und Pollux, die Dioskuren in ihrer Eigenschaft als Nothelfer, die den Sieg der Römer über die vertriebenen Tarquinier am See Regillus bei Tusculum verkündeten, den sie selbst miterfochten hatten (496 v. Chr.); vgl. Cic. nat. deor. 2,2,6; 3,5,1 und Plut. Aem. 25. – Ahenobarbus heißt Rotbart.

2 Im Jahre 121 v. Chr. besiegte Cn. Domitius Ahenobarbus als Prokonsul die Allobroger und ließ die Via Domitia, die große Küstenstraße in Südgallien, ausbauen. Der genannte Volkstribun war sein Sohn, der 96 Konsul und 93 mit dem Redner L. Licinius Crassus (aus Ciceros *De oratore* bekannt) Zensor war.

3 Lucius Domitius Ahenobarbus, 54 v. Chr. Konsul, einer der führenden Politiker Roms und unversöhnlicher Gegner Caesars (vgl. Suet. Caes. 23 f.).

4 Zur Gefangennahme des Domitius bei Corfinium (heute Corfinio) vgl. Suet. Caes. 34, Plut. Caes. 34, Lucan. Pharsalia 2,478; 7,220.600 ff. Zu seinem Abzug aus Massilia (Marseille) vgl. Caes. civ. 2,22. Das Gift hatte er genommen, als er sah, daß er nach der Einnahme von Corfinium in Caesars Hände fallen werde. Dieser ließ ihn jedoch als lebendes Beispiel für die *clementia Caesaris*, für seine Milde, wieder frei.

5 Quintus Pedius, Verwandter und Mitkonsul Octavians 43 v. Chr., brachte ein Gesetz zur Verfolgung und Ächtung der Caesarmörder ein *(lex Pedia)*. Zu diesem Domitius vgl. Plut. Ant. 63. Er war 32 Konsul und starb 31, kurz vor der Seeschlacht von Actium. Vgl. Cass. Dio 48,7,16; 50,2.13.

6 Eigentlich Scheinkäufer, denn dieser kaufte zum Schein die ganze Habe des Erblassers und verpflichtete sich, den Erben ihren Anteil und sonstige Legate auszuzahlen.

7 Ältere Tochter des Triumvirn Marcus Antonius und der Octavia, der Schwester des Octavian-Augustus.

8 Gaius Caesar ist der Enkel des Augustus, 20 v. – 4 n. Chr. (Nero ist Augustus' Ururenkel).

9 Lücke im Text.

10 Edikte waren nur für die Amtszeit des verkündigenden

Beamten gültig, daher konnte dieses nur als Hohn betrachtet werden, da es den gegenwärtigen Schaden nicht regelte.

11 Das Neugeborene wurde auf den Boden gelegt und vom Vater aufgehoben (*sufferre*, daher Ende Kap. 5: *sublato filio Nerone*), der es damit anerkannte.

12 »Reinigungstag«, der 9. (bei Knaben) bzw. 8. (bei Mädchen) Tag nach der Geburt, an dem eine Opferzeremonie stattfand und das Kind seinen Namen erhielt, ähnlich dem jüdischen und christlichen Reinigungs- bzw. Taufritus.

13 Claudius konnte nicht als *felix* gelten, daher ist die Namensgebung ein *signum infelicitatis*.

14 Agrippina die Jüngere, die in Köln geborene Tochter des Germanicus, wurde wegen angeblicher Teilnahme an einer Verschwörung gegen ihren Bruder, Kaiser Caligula, verbannt (vgl. Suet. Cal. 24; Cass. Dio 59,22,6 f.) und nach dessen Tod 41 n. Chr. von ihrem Onkel und späteren Gemahl, Kaiser Claudius, wieder zurückgeholt.

15 Die Schlange galt als göttliches Zeichen, siehe z. B. die Geburtsgeschichte des Herakles und Alexanders des Großen sowie Tac. ann. 11,11.

16 Reiterspiel etruskischer Herkunft, später mit den trojanischen Gründern Roms in Verbindung gebracht (vgl. Verg. Aen. 5,545 ff.) und von Augustus im Zuge seiner Wiederbelebung der Tradition besonders gepflegt.

17 Der Philosoph Seneca war von der Kaiserin Messalina nach Korsika verbannt worden. Agrippina berief ihn zurück und rechnete damit, daß er als Erzieher Neros sich loyal verhalten und nicht mit dem Sohne seiner Feindin, Britannicus, sympathisieren werde.

18 Gemeint sind die Feriae Latinae, eins der wichtigsten und ältesten Feste, ursprünglich dem Iuppiter Latiaris gewidmet, dessen Zeitpunkt jährlich von den Konsuln bei ihrem Amtsantritt festgelegt wurde.

19 Tochter des Claudius und der Messalina, Schwester des Britannicus, Titelheldin einer dem Seneca zugeschriebenen Tragödie. Die Verlobung mit der Kaisertochter hatte Agrippina gleich nach ihrer Heirat mit Claudius durchgesetzt, um, wie Tacitus sagt, »ihrem Sohn den Weg nach oben zu bahnen« (ann. 12,9).

20 Der Zeitpunkt war von den Astrologen als günstig errech-

net worden. Suet. Claud. 44 f. und Tac. ann. 12,66 ff. berichten, daß Agrippina Claudius vergiftet und alle anderen,
besonders den eigentlichen Thronanwärter Britannicus, im
Palast zurückgehalten habe, um Nero den Weg freizumachen.

21 Die *lex Papia Poppaea* vom Jahre 9 n. Chr. regelte ehe- und
familienrechtliche Fragen (vgl. Suet. Aug. 34). Sie sollte der
Hebung der Kinderzahl dienen und verpflichtete die An-
gehörigen des Senatorenstandes zu legitimer Ehe. Das
Vermögen der kinderlos Gestorbenen sollte dem Staat zu-
fallen. Tacitus berichtet, daß Augustus Belohnungen für
Denunzianten ausgesetzt habe, um Übertretungen besser auf-
spüren zu können. »Und nun wuchs die Zahl der in ihrem
Vermögen bedrohten Familien, da jede durch die Ver-
dächtigungen von Angebern an den Bettelstab gebracht werden konnte« (ann. 3,25.28). Tiberius und Claudius hatten
bereits Versuche unternommen, dem Denunziantenunwesen
zu steuern.

22 In heutiger Kaufkraft wäre 1 Sesterz etwa mit 1 DM gleich-
zusetzen.

23 Gewöhnlich nannte der *nomenclator*, ein begleitender Sklave,
die Namen der Personen. – Neros Ausruf: »O hätte ich
doch nie schreiben gelernt!« zitiert Seneca (clem. 2,1) als
rühmenswertes Beispiel für Neros Milde und Menschlichkeit.
Der Ausspruch: »Wenn ich es mir verdient habe« spielt auf
ein Wort des Augustus an, vgl. Suet. Aug. 56.

24 Jugendspiele, ein musischer und gymnastischer Agon, dazu
Tac. ann. 14,15: »Da er sich noch nicht getraute, seinem
Hang zu öffentlichen Auftritten nachzugeben, veranstaltete
er Spiele unter dem Namen Juvenalien.« Er brachte durch
Geldzahlungen unbemittelte junge Leute aus vornehmem
Stand dazu, bei diesen Spielen als Tänzer, Sänger oder
Schauspieler aufzutreten. »Und er bildete sich ein, die
Schande dadurch zu mildern, indem er möglichst viele damit
befleckte« (14,14). Ähnlich klagt Cass. Dio 61,17 ff. über den
Niedergang der vornehmen Familien Roms, die sich auf der
Bühne prostituieren mußten.

25 Vgl. Tac. ann. 15,32. Claudius hatte den Senatoren eigene
Sitzreihen anweisen lassen, vgl. Suet. Claud. 21.

26 Einen seiltanzenden Elefanten erwähnt Sueton auch Galba
6; vgl. auch Cass. Dio 61,17.

27 Pyrrhichischer Tanz, ursprünglich ein Schwerter- und Kriegs-
   tanz aus Kleinasien, vgl. Suet. Caes. 39.

28 Gemahlin des kretischen Königs Minos, die sich in einen
   Stier verliebte. Die Kuhattrappe baute ihr Daidalos, der
   dann vor der Rache des Königs Minos mit seinem Sohne
   Ikaros auf Flügeln aus Federn und Wachs entfloh. Ikaros
   kam der Sonne zu nahe und stürzte ab (vgl. Ov. met.
   8,244 ff.).

29 Wie es in Griechenland Sitte war, vgl. Tac. ann. 14,47.

30 Die Prätoren leiteten sonst die Spiele.

31 Vgl. Anm. 52.

32 Innerhalb der Schranken auf dem Marsfeld, wo bei den
   Komitien die Abstimmungen stattfanden.

33 Augustus hatte verboten, daß Frauen bei den Athleten-
   wettkämpfen, Ringen und Faustkampf, zusahen (vgl. Suet.
   Aug. 44). Nero betont durch die Mißachtung des Gebots sein
   Philhellenentum.

34 Sueton berichtet hier wie auch im folgenden (etwa Kap. 18)
   nichts über Neros erfolgreiches Eingreifen in die Kämpfe im
   Osten des Reiches. Die Parther waren in Armenien einmar-
   schiert, das zur römischen Einflußsphäre gehörte. Nero
   handelte energisch und umsichtig und ernannte den fähigen
   und beliebten Statthalter Syriens, Domitius Corbulo, zum
   Befehlshaber gegen die Parther. Tacitus berichtet, daß man
   dem Kaiser dafür aus ehrlicher Überzeugung Dankfeste und
   einen Triumph bewilligen wollte (ann. 13,8). Corbulo kämpfte
   siegreich und setzte Tigranes V. als König von Armenien
   ein (58–60 n. Chr.). Nero wurde dafür zum Imperator
   ausgerufen (58 n. Chr., vgl. Tac. ann. 13,41). Nachdem
   Tigranes 62 vertrieben worden war, begann der Krieg mit
   Corbulo als Oberkommandierendem erneut. Er endete mit
   einem Kompromißfrieden: Als Klientelfürst nahm Tiridates,
   der Bruder des Partherkönigs, im Jahre 66 in Rom aus der
   Hand Neros die Krone entgegen. – Corbulo fiel später trotz
   seiner Verdienste in Ungnade und wurde von Nero zum
   Selbstmord gezwungen.

35 Bei der Übereinkunft mit Corbulo im Vorjahr in Rhandeia
   hatte Tiridates das Diadem abgelegt und feierlich versprochen, es erst in Rom wieder aus der Hand Neros entgegen-
   zunehmen (vgl. Tac. ann. 15,29; Cass. Dio 62,23).

36 Gemeint ist der steinerne Bau des Pompeius, der zu öffentlichen Veranstaltungen aller Art diente. Cassius Dio berichtet (63,6), Nero habe den Fußboden des Theaters für diesen
einen Tag mit Gold auslegen lassen, um den orientalischen
Potentaten zu beeindrucken.

37 In den Jahren 55, 57, 58, 60. Wie aus Kap. 43 hervorgeht,
nahm er das Konsulat im Jahre 68 ein fünftes Mal für sich
in Anspruch.

38 Caesar hatte, als am 31. Dezember ein Konsul starb, einem
ihm genehmen Bewerber das Amt für die restlichen Stunden verliehen. Darin hatte man eine besondere Herabwürdigung des Senats gesehen. Cicero pries sarkastisch die Wach-
samkeit des Konsuls, der niemals seine Augen geschlossen
habe (vgl. Suet. Caes. 76; Cic. ad fam. 7,30).

39 Diese Maßnahmen stehen in Verbindung mit dem Brand
Roms, vgl. Kap. 38. Die Stelle ist ein Beispiel für die Nach-
teile der rubrizierenden Arbeitsweise Suetons (vgl. Nachwort
S. 130 f.).

40 Auch dies gehört in den Zusammenhang mit dem Brand
Roms, vgl. Tac. ann. 15,44. Da das Gerücht nicht verstum-
men wollte, Nero selbst habe Rom in Flammen aufgehen
lassen, schob er die Schuld auf andere, und dazu schienen
die Christen geeignet. Sie hielten sich vom Kaiserkult fern
und feierten die Eucharistie in völliger Abgeschiedenheit.
Dadurch gaben sie bösen Gerüchten Nahrung, wie z. B. daß sie
kleine Kinder opferten. So ist die negative Haltung des
Sueton wie auch des Tacitus ihnen gegenüber zu verstehen;
vgl. Tac. ann. 15,44: *Nero ... poenis adfecit quos per
flagitia invisos vulgus Christianos appellabat. Auctor nominis
eius Christus Tiberio imperitante per procuratorem Pontium
Pilatum supplicio adfectus erat.* (Nero ließ die wegen ihrer
Schandtaten verhaßten Leute, die im Volk Christen genannt
werden, unter Martern hinrichten. Der Gründer dieser Sekte,
Christus, war unter der Regierung des Tiberius von dem
Prokurator Pontius Pilatus hingerichtet worden.)

41 Was hier als positive Maßnahme im Sinne augusteischer
Ordnungspolitik erscheint, ist in Wahrheit eine Folge der
Exzesse Neros, die Sueton in Kap. 26 beschreibt. Tacitus
(ann. 13,25) berichtet, daß Nero schließlich den Volkszorn er-
regte und sich aus Furcht vor Unruhen zu einem Eingrei-

fen genötigt sah. Schon Tiberius hatte die Umtriebe der Pantomimenschauspieler durch Verordnungen eingeschränkt, vgl. Tac. ann. 1,77.

42 Der Text befand sich auf den Innenseiten; bei einer Fälschung hätte man also die Siegel verletzen müssen. Eine Abschrift war auf die Außenseite geschrieben. Bei Streitigkeiten wurde in Gegenwart der Zeugen das Siegel erbrochen und die beiden Fassungen verglichen.

43 Der Testamentsvollstrecker trug erst nachher die Namen der Erben ein.

44 Ursprünglich wurde der Beistand vor Gericht von angesehenen Bürgern ehrenamtlich ausgeübt (vgl. Ciceros Anwaltslaufbahn). In der Kaiserzeit wurde die Tätigkeit des *patronus*, des Anwalts, zum Beruf, dem die Flut der Majestätsprozesse (vgl. Anm. 85) reiche Nahrung bot. Die Honorare stiegen ins Ungemessene und bildeten ein Präjudiz, so daß Claudius eine Höchstsumme von 10 000 Sesterzen festsetzte (Tac. ann. 11,7).

45 Die *recuperatores* waren ein Gerichtshof mit mindestens drei Richtern, die in beschleunigtem Verfahren Zivilsachen behandelten. Ursprünglich waren sie für Streitigkeiten zwischen römischen Bürgern und Fremden zuständig, später auch für rein römische Prozesse, speziell in Eigentumsfragen. Die Verordnung, daß alle Berufungen an den Senat zu richten seien, sollte dessen Ansehen erhöhen. Entsprechend berichtet Tacitus, für Appellationen an den Senat sei die gleiche Kautionssumme (ein Drittel des Streitwerts) festgesetzt worden wie bei Berufungen an den Kaiser (ann. 14,28).

46 Pontus im Nordosten Kleinasiens; Cottius war von Augustus als König über die nach ihm benannten Alpengebiete eingesetzt worden (Cottische Alpen, südöstlich von Grenoble).

47 Vgl. Tac. ann. 15,36. Die Reise nach Ägypten hing mit Neros Ostplänen zusammen, vgl. Anm. 49.

48 Die Landenge von Korinth. Ein Hinweis darauf findet sich in Senecas *Medea* 35 f. Den Plan hatte bereits Caesar gefaßt, vgl. Suet. Caes. 44.

49 Engpaß am Südufer des Kaspischen Meeres, wichtige Verbindung von Armenien ins Partherreich. Dort war bereits unter Tiberius gekämpft worden, vgl. Tac. ann. 6,31 ff. Dieser geplante Heereszug (in Neros Todesjahr 68) wird hier unter Reisen

verbucht; er steht im Widerspruch zu Suetons kurz zuvor geäußerter Behauptung, Nero habe keinerlei Expansionsabsichten gehabt. Nero wollte jedoch die gesamte Schwarzmeerküste angliedern und Armenien und die Krim zu römischen Provinzen machen, was schon Caesar beabsichtigt hatte (vgl. auch Tac. ann. 15,36; hist. 1,6; Cass. Dio 63,8).

50 1,80 m.

51 Zur Trennung in *virtutes* und *vitia*, Tugenden und Laster, vgl. Suet. Cal. 22: *Hactenus quasi de principe, reliqua ut de monstro narranda sunt.* (Bis hierher habe ich sozusagen vom Kaiser zu berichten gehabt, jetzt muß ich vom Ungeheuer erzählen.)

52 Kitharöde, Sänger und Rezitator zur Kithara (Lyra), einem der Leier ähnlichen Saiteninstrument, aus der griechischen Phorminx entwickelt, mit ursprünglich 7, später bis zu 18 Saiten.

53 Quintilian spricht 11,3,171 durchaus nicht abwertend von einer *fusca vox*, wie sie Antonius gehabt habe und die zur Erregung pathetischer Affekte besonders geeignet sei. Pathetischen Stoffen galt ja auch Neros Vorliebe. Cass. Dio 61,20 erklärt, die Stimme sei so dumpf und schwach gewesen, daß die Zuschauer nicht gewußt hätten, ob sie lachen oder weinen sollten.

54 Vgl. Gell. 13,31,3.

55 In Neapel, das als Griechenstadt ein besonderer kultureller Mittelpunkt war, fanden seit 2 n. Chr. zu Ehren des Augustus gestiftete musische und gymnische Wettspiele statt (vgl. Suet. Aug. 98). Nero wollte an diese Tradition anknüpfen und gleichzeitig von dort zu seiner Kunstreise nach Griechenland aufbrechen, was er dann jedoch erst drei Jahre später tat (vgl. Tac. ann. 15,33 f.), in den Jahren 66/67.

56 Die Alexandriner waren schon zu Zeiten des Augustus für ihre besonderen Arten des huldigenden Beifalls bekannt (vgl. Suet. Aug. 98). Hierzu gehörten Sprechchöre, rhythmisches Händeklatschen, Summen (»Bienengesumm«), Klatschen mit hohlen Handflächen (»Dachziegelpoltern«) und Klatschen mit der flachen Hand (»Fliesenklappern«). Diese Beifallskundgebungen wurden in der Art einer Claque eingeübt.

57 Wörtlich: bei privaten Schauspielen, d. h. vom Magistrat

veranstalteten. *Privati* waren alle Personen im Gegensatz zum Kaiser.

58 Die Tochter des Windgottes Aiolos, die ein Kind vom eigenen Bruder bekam; Nero spielte also auch Frauenrollen, da diese ihm besondere Möglichkeiten zum Ausspielen pathetischer Gefühle boten.

59 D. h., er beschäftige sich mit dem Lehrstoff, dem 22. Gesang der *Ilias*, wo Hektors Leichnam von Achill auf seinem Gespann um die Mauern Trojas geschleift wird.

60 Kap. 19. Griechenland war die Provinz *Achaia*.

61 Kassiope mit dem Heiligtum des Zeus Kasios lag auf Kerkyra (Korfu).

62 Vgl. Iuv. sat. 8,218 ff. Nero wurde bei den Isthmischen und Nemeischen Spielen preisgekrönt.

63 Die Sänger pflegten kein Taschentuch zu gebrauchen, vgl. auch Tac. ann. 16,4 f.

64 Der Schauspieler, der den Vortrag des Kitharöden mit der dazugehörigen Mimik und Gestik begleitete.

65 D. h. das Recht der freien Selbstverwaltung und Steuerfreiheit. Neros Rede zu diesem Anlaß (28. November 67) ist schriftlich erhalten. Sie zeigt Nero als Gönner und Verehrer alles Griechischen. (Auszüge in dem Anm. 152 zitierten Artikel.) Ebenfalls an den Isthmischen Spielen hatte i. J. 196 v. Chr. Titus Quinctius Flamininus nach dem Sieg über Philipp V. von Makedonien die Griechen für frei erklärt.

66 Vgl. Kap. 20 und Tac. ann. 14,15. Der Bezeichnung *Augustiani* ist zu entnehmen, daß sich diese Männer als Verehrer des Nero Augustus zu einem Kultverein zusammengeschlossen hatten, wie sie sich in Nachwirkung hellenistischer Bräuche in Rom zur Verehrung des Genius des Kaisers gebildet hatten.

67 Platz zwischen Kapitol, Palatin und Tiber, Markt- und Handelszentrum.

68 Mit den gespendeten Gaben huldigte man seiner Sangeskunst: Die Bänder symbolisierten die Purpurbänder, die von den Siegeskränzen herabhingen, die Bonbons waren für Hals und Kehle.

69 Quintana war der Markt- und Handelsplatz im Soldatenlager, der seinen Namen von dem Standort an der Via

Quintana hatte, einer Straße, die jeweils zwischen der 5. und der 6. Abteilung hindurchging.

70 D. h., der den *latus clavus*, den breiten Purpurstreifen an der Tunika tragen durfte, auch wenn er keine Ämter bekleidete. Es war Julius Montanus, vgl. Tac. ann. 13,25. Er erlitt den Tod wegen Majestätsbeleidigung (Cass. Dio 61,9).

71 Vgl. Kap. 16 Ende und Anm. 41.

72 *Mitella* ist ein seidener Turban, den man bei bestimmten besonders verschwenderischen Gastmählern trug.

73 *Sigilla* waren kleine Statuen aus Wachs und Ton, die man sich am Sigillarienfest schenkte, und Sigillaria hieß die Gegend in Rom, wo Kunstgegenstände und Bilder verkauft wurden, offenbar eine Art Montmartre, wo sich Nero mit seinem Liebling öffentlich zeigen konnte.

74 *Canusium*, Stadt in Apulien, bekannt für ihre feine rötliche Wolle.

75 Kriegerischer Stamm aus Mauretanien, dessen Männer schlangenförmig gedrehte Armreifen als Zeichen ihrer Tapferkeit trugen. Auch metall- und silberbeschlagene Trensen und Vorderzeug mit Brustplatten für die Pferde wurden als Auszeichnung an verdiente Soldaten verliehen, vgl. Suet. Aug. 25. Bekanntlich ließ sich auch die Kaiserin Poppaea so eskortieren; ihre Maultiere waren sogar mit Gold beschlagen (Cass. Dio. 62,28). Die Angabe ist hier nicht als malerische Zutat zu werten; sie zeigt, wie die Verleihung der Triumphalinsignien an jedermann, die Abwertung der althergebrachten Ehrungen.

76 Augustus hatte seinen Palast auf dem Palatin, wo auch seine Nachfolger residierten. Er hatte die Gärten des Maecenas, eine Parkanlage auf dem Esquilin, geerbt, und Nero verband beide Anlagen durch einen Bau, den Sueton als »Durchgangshaus« bezeichnet, vgl. Tac. ann. 15,39.42. Reste des Goldenen Hauses sind erhalten (vgl. L. Curtius / A. Nawrath, *Das antike Rom*, Wien/Darmstadt ⁵1970, Abb. 79–81.

77 Die Statue war über 30 m hoch, die Kolonnaden etwa 300 m lang.

78 Ähnlich wie bei der noch erhaltenen Hadriansvilla in Tivoli. An der Stelle des Teiches im natürlichen Becken zwischen Esquilin und Palatin erbaute Kaiser Titus das Kolosseum. Es hat seinen Namen von der Kolossalstatue des Nero. Sie war nach Neros Tod von Vespasian in eine Statue des Son-

nengottes verwandelt worden, und Kaiser Hadrian stellte
sie dann in der Nähe des Amphitheaters auf.

79 Ein Planetarium. Man hat im Mittleren Orient ähnliche
zeitgenössische Bauwerke gefunden, was Rückschlüsse auf
Neros Selbstauffassung erlaubt, die von der orientalischen
Ideologie des Herrschers als Weltenschöpfers beeinflußt war.
Darauf verweist auch der ins Kosmologische gesteigerte
Neropreis in Lucans *Pharsalia* 1,48 ff. – Der Kuppelsaal ist
noch erhalten.

80 Das Meerwasser wurde also 25 km weit hergeleitet; die
Albulaquelle, die zwischen Rom und Tivoli in den Anio
mündet, ist stark schwefelhaltig. Ihre Heilkraft wurde auch
von Augustus genutzt, der sich allerdings mit einer hölzer-
nen Badewanne begnügte (Suet. Aug. 82).

81 Beide Kanalprojekte dienten durchaus praktischen Zwecken.
Der Avernersee war von Augustus' Feldherrn Agrippa als
Portus Julius in den Flottenstützpunkt Misenum einbezogen,
dem auch dieser Kanal dienen sollte. Der Kanal nach Ostia
begann in Puteoli, wo die Getreideflotte landete, und sollte
einen ungefährdeten Korntransport nach Rom gewährleisten.

82 Etwa 230 km.

83 Ein Sklave bekam bei der Freilassung den Namen seines
Herrn; er gehörte zu dessen *familia*, und daher hatte der
pater familias Anspruch auf die Hälfte der Hinterlassenschaft eines Freigelassenen. In Fällen, in denen sich erweisen
ließ, daß Freigelassene ihren Namen zu Unrecht führten und
sich der Kaiser als *pater familias* verstand, erhöhte er seinen
Erbanteil, so daß für die leiblichen Nachkommen des Verstorbenen nur ein Sechstel übrigblieb.

84 D. h., der ihn nicht oder nicht ausreichend bedacht hatte. In
der Kaiserzeit war es üblich, in Testamenten Legate für den
Kaiser auszusetzen.

85 Das Gesetz über Majestätsbeleidigung bzw. Hochverrat *(de
laesa maiestate)* betraf ursprünglich ernste Schädigungen der
Interessen des römischen Volkes und der Würde des Staates,
begangen durch Magistrate, vor allem Feldherrn und Statthalter, die sich sträfliche Fehler im Amt hatten zuschulden
kommen lassen, etwa verfehlte militärische Aktionen mit
hohen Truppenverlusten oder Unterdrückung und Ausrottung
der unterworfenen Völker. Seit Augustus war der Begriff

der *maiestas* in erster Linie auf die Person des Herrschers bezogen und sogar auf die Familienangehörigen (z. B. seine Gemahlin Livia) ausgedehnt worden. Tiberius versuchte dies zu Beginn seiner Herrschaft wieder einzuschränken, in seinen späteren Jahren und unter Caligula und Nero wurde das Gesetz zum hauptsächlichen Mittel der Unterdrückung Andersdenkender. Die *delatores*, Informanten bzw. Denunzianten, standen bereit, um auf den leisesten Wink jeden der widersinnigsten Verfehlungen anzuklagen. Das Vermögen der Verurteilten verfiel dem Staat. Wer der Verurteilung durch Selbstmord zuvorkam, konnte darauf hoffen, daß sein Testament in Kraft blieb. Tacitus bemerkte bitter zu der Selbstmordwelle: Es war der Mühe wert, sich zu beeilen (ann. 6,29; vgl. auch 1,72; 2,50; 4,30.34; 14,48).

86 Vgl. Kap. 24.

87 Um ihre Waren zu beschlagnahmen.

88 Er gab auch Befehl, die Reichtümer des Tempels von Jerusalem zu beschlagnahmen (67 n. Chr.). Daraufhin kam es zur Rebellion in der gesamten Provinz Judäa. Um den Aufstand niederzuschlagen, schickte Nero seinen erprobten General Vespasian, der sich dadurch eine solche Machtstellung schuf, daß er im Vierkaiserjahr 69 das Erbe Neros als Kaiser antreten konnte.

89 Cassius Dio (60,35 Ende) berichtet, Nero habe gesagt, die Pilze seien ein Götteressen, da Claudius durch sie zu einem Gott geworden sei. Er war nach seinem Tode konsekriert, d. h. zum Gott erklärt worden.

90 *mōrari* – verweilen, *mōrus* – töricht.

91 *Lex Julia de sicariis*, gegen Mord und Giftmord. Zu den Gründen für Britannicus' Ermordung vgl. Tac. ann. 13,14 ff. – Locusta hatte auch das Gift für Claudius besorgt, vgl. Tac. ann. 12,66. Sie befand sich seinerzeit in Polizeigewahrsam, vgl. Tac. ann. 13,15 ff. Wie stadtbekannt sie war, zeigen Iuv. sat. 1,71 und die *Medea* des Seneca, die teilweise deutliche Züge einer solchen Giftmischerin trägt.

92 Bei Tacitus wird dieses Detail auf den Zorn der Götter bezogen, vgl. ann. 13,17. Cassius Dio berichtet, der Regen habe den Gips weggeschwemmt, den Nero auf die durch das Gift blauverfärbten Gliedmaßen habe streichen lassen, so daß nun die Untat für jedermann klar zutage trat (61,7).

Sueton charakterisiert durch diese Angabe die Mißachtung und Heimlichkeit, mit der die Beisetzung des Kaisersohnes vonstatten ging. Alle drei Schriftsteller folgen hier offenbar der gleichen Primärquelle, die jeder für sich auswertet.

93 Wie Tiberius i. J. 6 v. Chr., der dadurch den Unstimmigkeiten mit seiner Familie aus dem Wege gehen wollte.

94 Die sie als Tochter des Germanicus für sich beanspruchte.

95 Fünftägiges Fest der Minerva (19. bis 23. März), vgl. auch die dramatisch-hintergründige Schilderung der Geschehnisse bei Tac. ann. 14,1 ff.

96 Das campanische Seebad, wo sie ihre Villa hatte.

97 Die Magier waren Astrologen, Zeichendeuter und Wahrsager, meist aus dem Orient, auch Chaldäer genannt, da die Einwohner von Chaldäa in Babylonien für ihre Wahrsagekunst und Sterndeutung berühmt waren. Verbindungen der Untertanen zu den Wahrsagern galten als Hochverrat und damit als todeswürdiges Verbrechen, da vorausgesetzt wurde, man suche bei ihnen eine Prophezeiung über den Tod des Prinzeps zu erhalten, vgl. auch Plut. Alex. 73 sowie Tac. ann. 12,59; 16,30 f. – Agrippinas rachekündender Schatten tritt in der dem Seneca zugeschriebenen Tragödie *Octavia* auf (vgl. Oct. 593 ff.).

98 D. h., dann wirst du ein erwachsener Mann sein. Die erste Bartabnahme, gewöhnlich mit 21 Jahren, war eine Zeremonie, vgl. Kap. 12. – Die Tante war Domitia, die erste Frau von Neros Stiefvater Crispus Passienus, vgl. auch Cass. Dio 61,17.

99 Mit Marcus Salvius Otho, dem späteren Kaiser, vgl. Tac. ann. 13,45; hist. 1,13; Suet. Otho 3; Plut. Galba 19 ff.

100 Der Tod des Atticus Vestinus bei Tac. ann. 15,69.

101 Die Konsularinsignien wurden ebenso wie die Triumphalinsignien sozusagen ehrenhalber verliehen. So konnte Nero auch die Insignien einer kaiserlichen Gattin verleihen und verlangen, daß sich die so Ausgezeichnete damit zufrieden gab. – Octavia war wie die gleichnamige Schwester des Octavian-Augustus, die Gattin des Antonius, die dieser Kleopatras wegen verließ, eine vorbildliche Gestalt in einer Zeit allgemeinen Niedergangs und wurde vom Volk besonders geliebt, vgl. Tac. ann. 14,60 und die Tragödie *Octavia* 780 ff.

102 Vgl. das Gespräch Seneca–Nero bei Tac. ann. 14,53 ff. Seneca und Afranius Burrus, der Gardepräfekt, waren die Berater Neros in seinen guten Anfangsjahren gewesen. Tacitus sagt: »Der Tod des Burrus brach auch Senecas Einfluß. Seit einer seiner beiden Berater fehlte, verlor das Gute an Einfluß auf Nero, er hielt es jetzt mit recht üblen Elementen« (14,52). Damit ist vor allem Tigellinus gemeint, der an Burrus' Stelle trat und auch Chef der Geheimpolizei war. Er übte einen ähnlich verhängnisvollen Einfluß auf Nero aus wie einst Sejan auf Tiberius. Vgl. auch Tac. hist. 1,72.

103 Vor allem Pallas und Doryphoros, vgl. Tac. ann. 14,65.

104 Vgl. Tac. ann. 15,48 ff.; Cass. Dio 62,24 ff. Die bekanntesten Opfer waren Seneca und sein Neffe, der Dichter Lucan, sowie Petron, der Verfasser des *Satyricon*.

105 Der Urheber der Vinicianischen Verschwörung 66 n. Chr. war möglicherweise Annius Vinicianus, ein Schwiegersohn des Feldherrn Corbulo, dessen Vater und Bruder als Teilnehmer von Verschwörungen bekannt sind.

106 Diese Äußerung berichtet Tacitus von dem Centurio Sulpicius Asper (ann. 15,68). Offenbar berufen sich die Verschwörer hier auf Seneca – es gab ja einen Plan, Seneca nach Neros Tod zum Kaiser zu machen (Tac. ann. 15,65) –, der in seiner Schrift *De beneficiis* auf die Möglichkeit des Tyrannenmordes hingewiesen hatte: *Et si ex toto desperata eius sanitas fuerit, eadem manu beneficium omnibus dabo, illi reddam; quoniam ingeniis talibus exitus remedium est optimumque est abire ei, qui ad se numquam rediturus est.* (Aber wenn man jede Hoffnung auf Besserung bei jemand endgültig aufgeben mußte, dann wird die Wohltat, die ich ihm vergelte, gleichzeitig eine Wohltat für die ganze Welt sein. Denn für solche Menschen ist der Abschied vom Leben die einzige Heilung, und für einen, der niemals wieder zu seinem besseren Selbst zurückzufinden vermag, ist es das Beste, er tritt ab; ben. 7,20.)

107 Wörtlich Kapsarien, die Sklaven, die ihren jungen Herren die Schulsachen in einer Art Mappe *(capsa)* nachtrugen.

108 Paetus Thrasea, *virtus ipsa* – die Tugend selbst, wie ihn Tacitus nennt (ann. 16,21), war die Seele des senatorisch-republikanischen Widerstandes, Stoiker und Verfasser einer Lebensbeschreibung des Cato Uticensis. Seinen Untergang schil-

dert Tacitus voller Hochachtung und Ergriffenheit (ann. 16,21 ff.; vgl. auch Cass. Dio 61,15).

109 Das sogenannte *arbitrium mortis* bzw. *liberum arbitrium*, vgl. den Tod des Seneca und des Petron bei Tac. ann. 15,60 ff. und 16,19.

110 Nach Plin. paneg. 23 gehörte dies zur Hofetikette.

111 Vermutlich aus dem verlorengegangenen *Bellerophon* des Euripides (*Tragicorum Graecorum Fragmenta*, hrsg. von A. Nauck, Leipzig ²1889, Nachdr. Hildesheim 1964, Adespota Nr. 513). Seneca hatte in clem. 2,2 der dort zitierten menschenfreundlichen Äußerung Neros (vgl. Kap. 10 und Anm. 23) diesen Vers als Extrem gegenübergestellt, ohne zu wissen, daß dies einmal zur Maxime seines Schützlings werden würde. Cassius Dio berichtet, daß Tiberius diesen Spruch gerne gebrauchte (58,23).

112 Auf dem Esquilin, vgl. Hor. od. 3,29,10. Nero hatte diesen Palast mit dem seinen auf dem Palatin verbunden, vgl. Kap. 31 und Tac. ann. 15,39. Tacitus stellt die Schuld des Kaisers am Brand Roms nur als eine Möglichkeit dar, vgl. ann. 15, Schluß der Kapitel 38, 39, 40, während es für Sueton wie für Cassius Dio (62,16) keinen Zweifel an der Schuld des Kaisers gibt. Dio gibt an, daß sich Neros Künstlerauge an einem gewaltigen Brande weiden wollte.

113 Cass. Dio 62,29 und Iuv. sat. 8,221 berichten von einem Gedicht Neros mit diesem Titel, ebenso Servius im Kommentar zu Vergils *Aeneis* 5,370; vielleicht handelte es sich auch um einen Gesang aus einem Epos des troischen Sagenkreises.

114 Im Hain der Libitina, einer Totengöttin etruskischen Ursprungs, wurden die Todesfälle und Begräbnisse registriert.

115 Der Aufstand der Königin Boudicca im Jahre 61 n. Chr.; die Städte waren die Neugründungen Camulodunum (Colchester) und Verulanium (bei St. Albans in der Nähe von London), auch Londinium (London) wurde erobert. 70 000 Menschen sollen dabei umgekommen sein (Tac. ann. 14,29 ff.). Dem römischen General Suetonius Paulinus (nicht verwandt mit Sueton) gelang es, den Aufstand niederzuschlagen.

116 Während der Kämpfe in Armenien (vgl. Anm. 34) hatte Paetus, der Statthalter Kappadokiens, bei Rhandeia eine Niederlage erlitten (Tac. ann. 15,6 ff.). Dies war jedoch nur eine Episode in dem sonst (dank Corbulos Eingreifen) sieg-

reichen Krieg. Daß die Legionen unters Joch geschickt wurden, d. h. zum Zeichen ihrer Niederlage unter gekreuzten Balken hindurchgehen mußten, bezeichnet Tac. ann. 15,15 als Gerücht.

117 Vgl. *Fragmenta Poetarum Epicorum et Lyricorum praeter Ennium et Lucilium*, hrsg. von Ae. Baehrens, Leipzig 1886, 2. Aufl. hrsg. von W. Morel, Leipzig 1927, Nachdr. Stuttgart 1963.

118 Sohn des Sehers Amphiaraos, tötete auf Befehl des Vaters seine Mutter, da diese den Vater gezwungen hatte, am Zug der Sieben gegen Theben teilzunehmen. Der Vers bezieht sich auf einen Spruch des Orakels von Delphi, das in gewohnter Doppeldeutigkeit bemerkt hatte, Alkmäon und Orest hätten Grund gehabt, ihre Mutter zu töten, wobei es offenblieb, ob sich der kaiserliche Muttermörder als der Dritte im Bunde fühlen durfte. Nero ließ auf seiner Griechenlandreise Delphi seine Rache spüren (Cass. Dio 63,14).

119 Im Griechischen wurden die Buchstaben auch als Zahlen verwendet. Der numerische Wert der Buchstaben des Namens Nero beträgt genausoviel wie die Summe des Zahlenwertes der Buchstaben von griech. ›Muttermörder‹, nämlich 1005. Es wird also eine Gleichung aufgestellt: Nero = Muttermörder.

120 Aeneas rettete seinen Vater Anchises, indem er ihn auf seinem Rücken aus dem brennenden Troja trug. – Wortspiele mit den verschiedenen Bedeutungen von *tollere* boten sich offenbar an; von Cicero existiert der Ausspruch, man solle den jungen Octavian »befördern«, d. h. erst zu hohen Ehren erheben und dann von der politischen Bühne abtreten lassen (beidesmal *tollere*, vgl. Suet. Aug. 12).

121 Hier wird auf Münzbilder Bezug genommen, auf denen sich Nero als Apollon Kitharoidos, als Apoll der Leier und des Gesanges, abbilden ließ, während die Münzen des Partherkönigs diesen in kriegerischer Attitüde mit dem Bogen zeigten, dem fernhintreffenden Apoll der *Ilias* vergleichbar.

122 Veji ist eine Stadt in Südetrurien, etwa 20 km von Rom. Das Ganze ist eine Anspielung auf Neros Goldenes Haus und seine Ausdehnung.

123 Neros Langmut hatte jedoch durchaus Grenzen: Tac. ann. 16,21 berichtet, daß ein Prätor wegen eines Spottgedichts zum Tod verurteilt wurde.

124 Stück aus dem troischen Sagenkreis: Nauplios war der Vater des von Odysseus getöteten Palamedes, der sich am Mörder seines Sohnes rächte, indem er dessen Schiffe in klippenreiches Gewässer lockte, wo sie scheiterten.

125 Die Atellanen, nach der oskischen Stadt Atella benannt, waren heitere szenische Darstellungen mit derb possenhaftem Charakter, in denen oft Personen des öffentlichen Lebens verspottet wurden, vgl. Suet. Tib. 45.

126 Der Hinweis auf den Untergang des Senats steht im Zusammenhang mit Neros in Kap. 37 berichteter Absicht.

127 Gaius Julius Vindex, Sohn eines Senators aus aquitanischem Königsgeschlecht, 67 n. Chr. Legat von Gallia Lugdunensis, empörte sich 68 gegen Nero und trug Galba die Nachfolge an. Dagegen wandte sich Verginius Rufus, der Kommandant der germanischen in Gallien stationierten Legionen, es kam zur Schlacht bei Besontium (Besançon), die Verginius gewann. Vindex beging Selbstmord. Vgl. Plut. Galba 4 ff.; Cass. Dio 63,22 ff.; Tac. hist. 1,8.

128 Vgl. Cass. Dio 63,27.

129 Vgl. Kap. 39 und Anm. 115 f.

130 Sein Nachfolger im Vierkaiserjahr 69, der, damals 73jährig, Statthalter in Spanien war, vgl. Suet. Galba 10 f.; Plut. Galba 3 ff.; Tac. hist. 1,8.

131 Damit spielt Nero auf das sprichwörtliche Glück des Polykrates an (vgl. Schillers Ballade *Der Ring des Polykrates*).

132 Vgl. Kap. 7.

133 D. h., er nehme ihm den Beifall weg, der ihm zuteil geworden wäre, wenn er nicht gerade durch die Politik am Auftreten gehindert wäre.

134 Auf diese Weise gelang es z. B. Otho, rebellierende Soldaten umzustimmen, vgl. Plut. Otho 3.

135 D. h., er nahm das von ihm selbst verschlechterte Geld nicht an.

136 Die Haartracht, die er in Griechenland auf den Festspielen trug, vgl. Kap. 51.

137 Mit dem Sack scheint der Bettelsack gemeint, es wird aber zugleich angespielt auf den ledernen Sack, in dem nach altem Gesetz die Vater- und Muttermörder eingenäht und zu Tode gebracht wurden, vgl. Suet. Aug. 33.

138 Galli sind die Hähne und die Gallier.

139 Der Ruf nach der Sklavenpolizei *(vindex)* ist zugleich eine Demonstration für den aufständischen Statthalter.

140 Diese war von Pluto in die Unterwelt entführt worden, ein böses Omen.

141 Für das Wohl des Kaisers und des Reiches, die am 1. Januar auf dem Kapitol geleistet wurden.

142 *Tragicorum Graecorum Fragmenta,* hrsg. von A. Nauck, Leipzig ²1889, Nachdr. Hildesheim 1964, Adespota Nr. 8.

143 Mit diesen Worten lehnt bei Vergil (Aen. 12,646) Turnus, der Gegner des Aeneas, den Fluchtplan seiner Schwester ab und stellt sich zum Kampf.

144 Ein von Nero erfundener abgekochter Trank, der in Eis gekühlt wurde (»Nerococktail«), vgl. Plin. nat. 31,40.

145 Ein gabelförmiges Halseisen.

146 Il. 10,535.

147 Er wurde dafür von Domitian hingerichtet, vgl. Suet. Dom. 14.

148 Heute Monte Pincio, dort befanden sich viele Parkanlagen.

149 Der Carraramarmor heißt hier lunesisch nach dem Hafen Luna, von dem aus er verschifft wurde.

150 Dies erklärt auch den praktisch-politischen Charakter der ihm von Seneca gewidmeten Schrift *De clementia,* in der Seneca solchen Vorurteilen gegen die Philosophie entgegentrat.

151 Eine solch überraschend gehässige bzw. negative Beurteilung Senecas findet sich ähnlich auch bei Quintilian (inst. 10, 1,125 ff.), bei Cassius Dio (61,10) und bei Tacitus, der offensichtlich nicht ungern Negatives über Seneca wiedergibt, vgl. ann. 13,3.11.42. Cassius Dio tadelt offen die mangelnde Übereinstimmung von Leben und Lehre des Philosophen und brandmarkt es als gefährlichen Irrtum, daß Seneca geglaubt hatte, Nero ohne Schaden für den Staat seinen Vergnügungen überlassen zu können (61,4). Bei Sueton ist die Abneigung mehr stilistisch bedingt: Er vertritt einen klassizistisch-einfachen Stil und lehnt den neuen Asianismus, die barock-manieristische Art, wie wir sie bei Seneca finden, ab. Sein Stilideal mag in seinem Kapitel über die Sprache des Augustus zu finden sein, vgl. Suet. Aug. 86.

152 M. P. Charlesworth, »Nero. Some Aspects«, in: *The Journal of Roman Studies* 40, 1950, S. 69–76, schließt sich dieser

positiven Meinung an und diskutiert die Gegenstimmen. Negativ urteilt Tac. ann. 14,16, der jedoch zugibt, daß die Gedichte einige Bildung und Gelehrsamkeit erkennen lassen (ann. 13,3). Abwertend auch Pers. sat. 1,99 ff., der dort einige Verse Neros zitiert. Folgende Verse Neros finden sich in den *Fragmenta Poetarum Epicorum et Lyricorum praeter Ennium et Lucilium*, hrsg. von Ae. Baehrens, Leipzig 1866, 2. Aufl. hrsg. von W. Morel, Leipzig 1927, Nachdr. Stuttgart 1963, S. 131: *Quique pererratam subductus Persida Tigris / deserit et longo terrarum tractus hiatu / reddit quaesitas iam non quaerentibus undas.* (Das langdurchstreifte Perserland verläßt, heimlich entrückt, der Tigris; er wird in einem weiten Erdenschlund aufgehalten und ergießt dann wieder seine lang ersehnten Wasserfluten bei denen, die dies schon gar nicht mehr erwarten.) Der Tigris verliert sich in Assyrien im See Sosingites, fließt dann unter der Erde fort und kommt erst in großer Entfernung wieder zum Vorschein, vgl. Lucan. Phars. 3,261 ff.: *At Tigrim subito tellus absorbet hiatu / occultosque tegit cursus rursusque renatum / fonte novo flumen pelagi non abnegat undis.* (Den Tigris aber verschluckt unversehens die Erde in einem weiten Schlund, verbirgt seinen unterirdischen Lauf und läßt ihn aus neuer Quelle wiederum als Strom entspringen, um ihn dem Meere nicht vorzuenthalten.) Vgl. auch Amm. 23,5.

153 So hatte ihn Seneca in der *Apokolokyntosis* 4 gepriesen.

154 Die orientalische Muttergottheit Astarte, Istar oder Kybele, hier speziell der Typus der in Nordsyrien verehrten Atargatis.

155 Man setzte den Sklaven zum Zeichen ihrer Freilassung eine Filzkappe (pileus) auf. Bekannt ist die Abbildung einer solchen Freiheitsmütze auf der Münze des M. Brutus anläßlich der Iden des März.

156 Das prunkvolle Auftreten Neros hatte seinen Eindruck auf den Orient nicht verfehlt, und auch in Griechenland genoß er wegen seines Philhellenentums große Sympathien. Dort hielt sich noch lange der Glaube, Nero lebe im Verborgenen und werde dereinst wiederkehren (vgl. Dion von Prusa 21,9 f. [Arnim]). In der christlichen Überlieferung wurde er dagegen mit dem Antichrist gleichgesetzt.

157 Vgl. Tac. hist. 1,2; vgl. auch hist. 2,8 f.

158 Auch heute hat der Name Nero noch nicht seine Zugkraft eingebüßt: Seine Geburtsstadt Antium, heute Anzio, schrieb 1977 unter dem Thema »Nero vor Gericht« einen Wettbewerb aus, bei dem das beste Dialogstück über Nero und seine Mutter einen Preis erhalten sollte. Der Wettbewerb wurde in Köln, der Geburtsstadt Agrippinas, entschieden, der Preisträger, Theodor Kommer, entlastet in seinem »Prozeß« den Kaiser.

Zeittafel

27 v. – 14 n. Chr. Regierungszeit des Augustus (geb. 63 v. Chr.).

14–37 Regierungszeit des Tiberius (geb. 42 v. Chr.).

37 15. Dezember: Nero (damals Lucius Domitius Ahenobarbus) als Sohn des Cn. Domitius Ahenobarbus (gest. 40) und der Julia Agrippina (Agrippina minor, geb. 15 n. Chr.) in Antium (heute Anzio) geboren.

37–41 Regierungszeit des Caligula (geb. 12 n. Chr.).

41–54 Regierungszeit des Claudius (geb. 10 v. Chr.).

49 Claudius vermählt sich mit Agrippina; Nero auf Betreiben Agrippinas mit Claudia Octavia (geb. etwa 40), Tochter des Claudius, verlobt.

50 Als Nero Claudius Caesar von Claudius adoptiert; L. Annaeus Seneca (geb. 4 v. Chr.) wird zum Erzieher bestimmt.

53 Nero heiratet Octavia.

54 Claudius von Agrippina vergiftet.
13. Oktober: Nero besteigt den Thron; Seneca und der Prätorianerpräfekt Sex. Afranius Burrus seine Ratgeber. Die ersten fünf Jahre seiner Regierung erscheinen als ideale Zeit: Prinzip der *clementia*, Betonung des augusteischen Prinzipats, gute Rechtsprechung und Verwaltung.
Beginn des Kampfes gegen die Parther um Armenien unter dem Feldherrn Cn. Domitius Corbulo.

55 Ermordung des Britannicus (geb. 41), des Sohnes von Claudius und Valeria Messalina; Zerwürfnis mit der Mutter.
Aufgrund des Erfolgs gegen die Parther erhält Nero die *ovatio* und eine Statue im Tempel des Mars Ultor.

58 Der Partherkönig Vologaeses beansprucht Armenien für seinen Bruder Tiridates, von Corbulo geschlagen; Nero erhält die 4. Imperatorenakklamation.

59 Ermordung Agrippinas.
Neros erste Auftritte als Wagenlenker und Kitharöde in geschlossenen Gesellschaften; Stiftung der *Ludi Juvenalium*.

60 Corbulo besetzt Armenien und setzt Tigranes V. als König ein.

61 Niederschlagung des Aufstandes der Boudicca in Britannien durch Suetonius Paulinus.

62 Wiederaufleben der *lex maiestatis* (Gesetz gegen Hochverrat).

Nero läßt sich von Octavia scheiden und sie ermorden; Vermählung mit Poppaea Sabina.

Burrus' Tod, Seneca zieht sich zurück; die Prätorianerpräfekten Ofonius Tigellinus und Faenius Rufus gewinnen Einfluß. Vertreibung des Tigranes: Wiederbeginn des Krieges gegen die Parther.

63 Geburt einer Tochter, die bald darauf stirbt.

64 Erstes öffentliches Auftreten als Kitharöde in Neapel (65 in Rom).

18./19. Juli: Brand Roms, von Nero den Christen zur Last gelegt: erste systematische Christenverfolgung; großzügiger Wiederaufbau der Stadt; Bau der *domus aurea*.

In Armenien Tiridates als König eingesetzt.

65 Verschwörung des C. Calpurnius Piso, deren Aufdeckung auch Seneca, C. Petronius Arbiter und M. Annaeus Lucanus zum Opfer fallen.

Poppaea stirbt.

66 Nero heiratet Statilia Messalina.

König Tiridates von Armenien nimmt aus der Hand Neros die Krone entgegen.

Beginn des Jüdischen Krieges.

25. September: Beginn der Griechenlandreise (bis 67): 1808 Siegeskränze; Projekt eines Kanals von Korinth.

67 Beseitigung des Corbulo und anderer Generale.

28. November: Nero erklärt die Abgabenfreiheit und volle Selbstverwaltung Griechenlands (Achaias).

68 Vindex in Gallien, Galba in Spanien und Clodius Macer in Afrika erheben sich gegen den Kaiser, Otho in Lusitanien schließt sich ihnen an; Galba wird von seinen Truppen zum Kaiser ausgerufen und vom Senat und den Prätorianern anerkannt.

9. Juni: Nero begeht Selbstmord; Ende des julisch-claudischen Hauses.

69 Vierkaiserjahr: Galba (geb. etwa 3 v. Chr.), Vitellius (geb. 15 n. Chr.), Otho (geb. 32 n. Chr.), Vespasian (geb. 9 n. Chr.).

69–79 Regierungszeit des Vespasian: Begründung des flavischen Kaiserhauses.

70 Vespasians älterer Sohn Titus zerstört Jerusalem; Einrichtung der Provinz Judäa.

79–81   Regierungszeit des Titus (geb. 39).
81–96   Regierungszeit von Titus' Bruder Domitian (geb. 51); er
        beansprucht den Titel *Dominus et Deus*.
96   Domitian ermordet; Nerva (geb. 30?) vom Senat als Nach-
        folger bestimmt (Wahl- bzw. Adoptivkaisertum).
97   Nerva adoptiert Trajan.
98–117 Regierungszeit des Trajan (geb. 53).
117–138 Regierungszeit des Hadrian (geb. 76).

Nachwort

Die Geschichte der römischen Kaiserzeit, im besonderen des frühen Prinzipats unter den Kaisern des julisch-claudischen Hauses, wird uns hauptsächlich von den Historikern Tacitus (etwa 55–116/120) und Cassius Dio (etwa 150–235) sowie von dem Biographen Sueton (etwa 70/75–150) überliefert. Alle drei Autoren nehmen der Geschichte gegenüber den gleichen Standpunkt ein, denn sie schöpfen aus den Quellen der senatorisch-republikanischen Tradition. Ihr ursprüngliches Ideal ist die alte *libera res publica*. Freilich sind sie durch die Geschichte belehrt, daß die Zeit der republikanischen Staatsform vorüber ist.[1] Sie fühlen sich aber nur unter der Bedingung mit dem Prinzipat ausgesöhnt, daß der Prinzeps im Sinne des Augusteischen Ideals der erste Bürger beziehungsweise der Beste von allen zu sein hat. Er soll im Einvernehmen mit dem Senat regieren; noch im 3. Jahrhundert geht Cassius Dio von der Vorstellung der Dyarchie aus, des gleichberechtigten Nebeneinanders von Kaiser und Senat. Vergegenwärtigen wir uns nun die Kaiser des 1. Jahrhunderts und nennen Namen wie Tiberius, Caligula, Nero und Domitian, so begreifen wir, daß Schriftsteller mit einem solchen Erwartungshorizont vom Kaisertum dieser Zeit enttäuscht, ja abgestoßen sein mußten. Besonders deutlich wird dies bei Tacitus, der durch das »Domitianerlebnis« zutiefst verwundet und verstört ist. Die Geschichte, die er zu beschreiben hat, ist eine Abfolge von Verbrechen, eine Kette von Greueltaten, und er, der Historiker, glaubt, sich vor seinen Lesern deshalb rechtfertigen zu müssen: Sein Ziel sei es, das Andenken der unschuldig Gemordeten hochzuhalten, jede humane Regung in diesen unmenschlichen Zeiten zu registrieren und die Verbrecher für alle Zeiten zu brandmarken.[2] Tacitus ist durch die düstere Epoche des Domitian so niedergedrückt, daß er seinen ursprünglichen Plan, die lichteren Zeiten

eines Nerva und Trajan darzustellen, nicht mehr wahrma-
chen kann. Er geht statt dessen noch weiter zurück in die
Vergangenheit, um die Ursprünge des Niedergangs aufzu-
spüren, und beginnt die Annalen: *Ab excessu divi Augusti.*
Zur gleichen Zeit schreibt Gaius Suetonius Tranquillus seine
Kaiserbiographien von Caesar bis Domitian. Seine Jugend-
zeit fällt in die vergleichsweise glückliche Epoche der
Flavierkaiser Vespasian und Titus. Unter Kaiser Hadrian
gelangte er bis zum Amt des Kanzleichefs oder Kabinett-
sekretärs. Wenn wir bei Tacitus eine Rückwendung zum
Ende der Republik und zum Anfang des Prinzipats kon-
statieren – er registriert, wo noch ein letzter Schein repu-
blikanischer Freiheit zu finden war (*quaedam rei publicae
imago*, ann. 13,28) –, so gehört Sueton wie Quintilian und
der jüngere Plinius zum Kreise derer, die im flavischen
Kaisertum einen bewußten Neubeginn zu sehen vermögen.
Dieser wird in ihren Augen durch den Despotismus Domi-
tians zwar gestört, aber nicht aufgehoben. Die folgende
Epoche der Adoptivkaiser gibt ihnen recht; diese versuchen
mit Erfolg, das Prinzip der Herrschaft des Besten zu verwirklichen.[3]
Sueton schreibt aus der Erfahrung der hadrianischen Epoche, und es ist nur folgerichtig, daß er zur Darstellung der
Geschichte die Form der Biographie wählt und die Kaiser
zum alleinigen Träger der Handlung macht: Es hatte sich
erwiesen, daß das Hauptproblem der Zeit die Wahl des
richtigen Herrschers war, von dem das Wohl und Wehe
jedes einzelnen in Rom wie im Reiche abhing. Beim Untergang des julisch-claudischen Kaiserhauses hatte man bitter
belehrt Abschied nehmen müssen von den Hoffnungen, die
sich auf die blutsmäßige Abfolge einer Dynastie gründeten.
Die Adoptivkaiser legitimieren sich durch ihr Festhalten
am stoischen Herrscherideal und dessen Tugendkanon, in
dem an vorrangiger Stelle die sozialen Tugenden der *abstinentia, clementia* und *moderatio* stehen. Wir können
hier von den Umrissen einer Prinzipatsideologie sprechen,

die wir bei Sueton in der Augustusvita, vor allem aber am Ende seines Werkes, im Schluß der Domitianvita, deutlich greifen können.⁴ Ihren schönsten Ausdruck findet sie bei Marc Aurel, dem Kaiser, der das stoische Herrscherideal rückhaltlos akzeptiert.⁵ Noch im 4. Jahrhundert bewahrt es seine Wirksamkeit, wie wir aus dem Geschichtswerk des Ammianus Marcellinus ersehen werden.

Sueton betrachtet die Kaiser, die er darstellen will, unter dem Gesichtspunkt, wie sie dem Ideal seiner Zeit entsprechen oder sich von ihm entfernen. Unter diesem Aspekt trifft er auch die Wahl seiner Darstellungsform. Er entscheidet sich für die peripatetisch-alexandrinische Biographie, die ihr Thema zur raschen Überschaubarkeit jeweils in Rubriken einteilt⁶ und sich dadurch besonders für die Schilderung eines homogenen Personenkreises anbietet, wie z. B. für Feldherrn und Staatsmänner, aber auch Dichter und Redner, kurz: *Berühmte Männer*, wie die Titel solcher hellenistischer Sammlungen oft lauteten. Varro und Nepos hatten diese Form im 1. Jahrhundert v. Chr. ins Römische übertragen. Neben einem biographisch-chronologischen Gerüst findet sich bereits in dieser hellenistischen Biographie eine Einteilung in Tugenden und Laster, ἀρεταί und κακίαι, *virtutes* und *vitia*, die sich für Suetons moralisch-lehrhafte Absicht als besonders geeignet erweist. Seine Viten enthalten ein biographisches Schema, in dessen Mittelpunkt römischem Interesse gemäß die dem *cursus honorum* entsprechende öffentliche Tätigkeit des betreffenden Kaisers steht. An der Augustusvita lassen sich die einzelnen Rubriken besonders deutlich ablesen:⁷ Herkunft, Familie, Geburt, Kindheit, Jugend, *Vita publica*, *Vita privata*, Verhältnis zur Religion, Vorzeichen, Lebensende. Innerhalb dieses Schemas findet sich die Disposition in Gut und Böse, die je nach dem Charakter des betreffenden Kaisers mehr oder weniger deutlich hervortritt. Bei Caligula und Nero ist sie gestalterisches Hauptprinzip, auch bei Tiberius steht sie deutlich im Vordergrund, während bei Caesar und Augustus der Schwerpunkt mehr auf die *Vita publica* gelegt wird.

Die Fakten, die Sueton für seine Rubriken auswählt, sollen in erster Linie das Charakterbild des Helden vervollständigen; aus ihnen ergibt sich der Rückschluß auf die Tugenden oder Laster. Diese sind freilich in erster Linie in bezug auf ihre soziale Bedeutung erwähnenswert. An einer lückenlosen historischen Darstellung ist Sueton nicht interessiert. Er schreibt für Leser, die die römische Geschichte kennen. Vieles wird vorausgesetzt, oft werden die Akzente anders gesetzt, als es der historische Ablauf erwarten läßt. Dies ergibt sich aus den unterschiedlichen literarischen Gesetzen von Biographie und Geschichtsschreibung. Darüber scheint sich schon die Mitwelt nicht, geschweige denn die Nachwelt, immer ganz im klaren gewesen zu sein: Man nahm Anstoß, und die Biographen Plutarch und Nepos haben dazu Stellung genommen; ihre Aussage gilt auch für Sueton.[8] Die Arbeitsmethode Suetons, sein rubrizierendes Verfahren (»Zettelkastenprinzip«), wie überhaupt die Übertragung der hellenistischen Biographieform auf die römischen Kaiserviten hat in der Sekundärliteratur der Neuzeit vielfach herbe Kritik gefunden. Friedrich Leo tadelte, daß das Schema der alexandrinischen Biographie, ursprünglich für Dichter und Schriftsteller entwickelt, für Herrscher und deren weitgespannte Aktionen denkbar ungeeignet sei. Auch wird Sueton der Vorwurf gemacht, er gehe planlos vor und fülle seine Rubriken ohne den Weitblick des Historikers mit Material durchaus unterschiedlicher Güte (Macé). Das Rubrikenschema enge die Darstellung ein und erschwere die Benützung des Stoffes – dies ein Vorwurf, den die Historiker mit Vorliebe erhoben (Peter). Dagegen wandte sich in neuerer Zeit vor allem Steidle, von Hanslik unterstützt, der die Fragwürdigkeit einer zu stark formalistischen Betrachtungsweise aufzeigt und dafür eintritt, Sueton aus seinen eigenen Voraussetzungen zu interpretieren. Steidle betont besonders das Rö-

mische bei Sueton, etwa die Einflüsse durch den Ahnen-
kult: das *elogium* (die Grabinschrift), die *laudatio funebris*
(die Leichenrede) und die *tituli* (die knappen biographischen Angaben an den *imagines*, den Ahnenbildern), ferner das große Interesse der Römer an der *gens*, der Sippe
und Familie, und an der Ämterlaufbahn. Auch zeigt er
die Kompositionsmethode Suetons auf, die sich weit über
ein mehr oder weniger geschicktes Einordnen in Rubriken
erhebt. Daran wurden wiederum einige Abstriche gemacht
(Dihle, Paratore, Flach), doch ist die neuere Forschung
im allgemeinen von dem Bemühen gekennzeichnet, Sueton
innerhalb seiner Grenzen Gerechtigkeit widerfahren zu
lassen (Gugel) und seine Arbeitsmethode genauer zu studieren (Mouchová).

Wenn wir aufgrund dieser Ergebnisse heute an Sueton her-
angehen, so erscheint folgendes beachtenswert: Soviel wert-
volle Erkenntnis über Sueton auch aus Einzelinterpretatio-
nen der Viten zu gewinnen sind, so sollte man dabei doch
niemals außer acht lassen, daß diese als ein Ganzes von
einem bestimmten Blickpunkt aus konzipiert sind. Nur so
erhalten die Darstellungskategorien ihren Sinn: Wenn sie
auch mehrfach den Handlungsablauf unterbrechen (was
Tacitus im Zwange seines annalistischen Prinzips ebenfalls
in Kauf nimmt!) und manchmal zu einer unsachgemäßen
Einordnung einzelner Punkte führen, so erlauben sie an-
dererseits doch einen Überblick über das Gesamtwerk und
zeigen auf, wie jeder Kaiser im Vergleich zu seinen Vor-
gängern und Nachfolgern gelebt und geherrscht hat. Auch
Tacitus bedient sich zusammenfassend dieses Schemas, so
z. B. bei Galba, hist. 1,49. Hanslik hat sehr schön gezeigt,
wie die Augustusvita mit der Caesarvita verklammert ist,
wie sich der reife Augustus von seinem »Vater« Caesar
absetzt und einen eigenen Weg beschreitet, auf dem er
statt skrupelloser Machtpolitik das Beste für den Staat
und die Bürger verwirklichen will. Augustus' Taten und
seine politische Zielsetzung erscheinen auf dem Hinter-

grund von Caesars Wirken, und diese Gegenüberstellung
enthält zugleich eine indirekte Beurteilung. Es ließe sich
nun im einzelnen zeigen, wie die Augustusvita auch wieder
vorausweist auf die folgenden Viten. Sueton zitiert ein
Edikt des Augustus, mit dem er dies programmatisch zum
Ausdruck bringt.[9] Von der durch Sueton bewußt heraus-
gestellten Zielsetzung des Prinzipats durch Augustus spannt
sich der Bogen über die Herrschaft seiner entarteten Nachkommen bis zu den Flaviern Vespasian und Titus, die sich
bemühen, an das Augusteische Ideal anzuknüpfen, und bis
zum bereits erwähnten Ausblick auf die hadrianische Ära
des Wahlkaisertums am Schluß der Kaiserbiographien.

Wenden wir uns nun der Nerobiographie zu, so sehen wir
gleich zu Anfang, wie die Auswahl der Fakten der Her-
ausarbeitung der Tugenden und Laster dient. Es gehört
zum Schema der Biographie, die *gens* und *familia* des Helden vorzuführen. Sueton stellt dem Leser die Familie Neros, die Domitier und Ahenobarbi, vor, betont aber zugleich, daß er damit den Zweck verfolgt, das Familien-
milieu zu zeigen, aus dem Nero stammt und in dem die
negativen Eigenschaften überwiegen (Kap. 2). Dies wird
bestätigt durch den charakteristischen Ausspruch seines
Vaters Domitius (Kap. 5). Für die Kindheit und Jugend
des Kaisers hat Sueton solche Ereignisse ausgewählt, die
nicht nur ein assoziatives Fortschreiten der Erzählung er-
möglichen, sondern leitmotivische Funktion haben: Neros
Auftreten im Trojaspiel (Kap. 7) kündigt seine Leidenschaft für Spiele und Theater an, und der Traum Senecas
(Kap. 7) deutet in der besonders nachdrücklichen Form
eines Prodigiums auf die Grausamkeit Neros vor. Manche
Züge werden auch e contrario entwickelt; so wird in Kapitel 8 der Mangel an *modestia* und *civilitas* getadelt:
Nero nimmt alle die maßlosen Ehrenbezeugungen an, mit
denen man ihn überhäuft. Fast ironisch klingt der Zusatz:
Nur den Titel »Vater des Vaterlandes« lehnte er ab –

seiner Jugend wegen. Man denkt dabei an Augustus, der sich leidenschaftlich weigerte, die Diktatur und den Titel »Dominus« anzunehmen (Suet. Aug. 52; 53).

Die Anfangsphase der Regierung Neros ist gekennzeichnet von seinem Bestreben, in die Fußstapfen des Augustus zu treten: *liberalitas*, *clementia* und *comitas* sind die Haupttugenden, die er beweisen will (Kap. 10). Seine Augustusnachfolge gipfelt in einem Ausspruch, der zugleich ein Wort des Augustus aufnimmt, wie schon die Darstellung der Familiengeschichte der Domitier mit einem markanten Satz des Domitius abschloß (Kap. 6, vgl. Suet. Aug. 56). Neben den in Kapitel 10 genannten Maßnahmen sind es vor allem die Spiele, in denen Nero seiner Veranlagung gemäß diese Tugenden zur Schau stellt. Die Vorführung des Königs Tiridates (Kap. 13) läßt sich in wörtlichem Sinne als ein Schauspiel seiner *clementia* bezeichnen.

Die Kapitel 14 bis 20 umfassen die *Vita publica*, die Ämter und öffentlichen Funktionen, die der Kaiser innehatte – der republikanische *cursus honorum* als das Herzstück jeder römischen Biographie liegt hier zugrunde –, und die Außenpolitik des Kaisers, deren Schilderung dem Tatbestand entsprechend relativ kurz bleiben muß und theatralischer Züge nicht entbehrt (Kap. 19).

Mit starker Betonung setzt Sueton am Ende von Kapitel 19 die bisher geschilderten, in seinen Augen positiv zu bewertenden Leistungen Neros von den nun folgenden *probra ac scelera* seiner späteren Jahre ab. Diese Scheidung entspricht durchaus dem historischen Tatbestand, wie Vergleiche mit den anderen Autoren und Quellen des Neronischen Zeitalters, mit Tacitus, Cassius Dio und der Primärquelle Seneca, gezeigt haben; man sprach später sogar von einem *felix quinquennium Neronis*, dem glücklichen ersten Jahrfünft seiner Regierung. Auch die *ostentatio virtutum*, der Schaucharakter der Tugendhaftigkeit – Sueton versieht alles sozusagen mit Anführungszeichen –, wird durch die anderen Autoren bestätigt, vor allem durch Senecas Schrift

De clementia, das authentische Zeugnis dieser ersten Regierungsjahre, in dem Neros Tugenden mit verzweifeltem Optimismus protreptisch mehr beschworen als beschrieben werden.

Die Schilderung der Laster und Verbrechen wird folgendermaßen unterteilt: Die Laster des Theaterspielens und Wagenrennens (Kap. 20–26) stehen am Anfang einer Klimax, dann folgen – mit betontem Neuansatz Anfang Kapitel 26 – die Verbrechen bis hin zu Muttermord und blindwütiger Raserei *(crudelitas, saevitia)* gegen jedermann. Den Höhepunkt bildet der Brand Roms (Kap. 38).

Die Leidenschaft für Spiele und Theater und die pathologische Sucht des Kaisers, sich als Bühnenheld zu produzieren, hat Sueton nicht minder schmerzlich empfunden als Tacitus und Cassius Dio, die in ergreifenden Worten darin den Niedergang und die Prostitution einer ganzen Epoche beklagen. Doch erscheinen sie ihm immerhin noch verzeihlicher als die Exzesse der Grausamkeit und Mordgier Neros, und er hat sie daher ohne Rücksicht auf die Chronologie – die Griechenlandreise fällt erst in die letzten Lebensjahre Neros – an den Anfang gestellt.

In Kapitel 26 wird dem Tugendkatalog aus Kapitel 10 ein ganzer Komplex von Lastern gegenübergestellt. Wieder befindet sich Sueton in Übereinstimmung mit den anderen Autoren, was das allmähliche Überhandnehmen und Ausbrechen dieser Laster in die Öffentlichkeit angeht. Tacitus zeigt im einzelnen, wie Nero sich des guten oder zumindest mäßigenden Einflusses aus seiner Umgebung allmählich entledigt, indem er Mutter, Gattin und Stiefbruder umbringt, Burrus aus dem Weg räumt und Seneca kaltstellt. Die Laster *libidines* (mit den *epulae* Kap. 27–29), *luxuria* (Kap. 30, 31), *avaritia* (Kap. 32), *crudelitas* und *saevitia* (Kap. 33–38) und die aus ihnen resultierenden Verbrechen werden nun im einzelnen vorgeführt. Die Darstellung der sexuellen Exzesse Neros (vgl. Kap. 29) wurde vor allem in der Viktorianischen Epoche vielfach als degoutant abgetan, während unsere Zeit eher in der Lage ist, an diesen Zügen ohne jeden Voyeurismus die völlige Prostitution der Macht und die totale Herabwürdigung des Menschen unter einer zutiefst inhumanen Zwangsherrschaft zu sehen. Bekannt mutet es uns auch an, wie das Unsägliche, das sich jeder rationalen Betrachtung entzieht, im politischen Witz »abreagiert« wird: Sueton kommentiert die perverse Hochzeit Neros mit dem zynischen Bonmot eines Zeitgenossen (Kap. 28).

Mit dem Brande Roms (Kap. 38) erreicht die *saevitia* des Herrschers ihren Höhepunkt. Die Schilderung beginnt leitmotivisch mit einem griechischen Vers, der, wie aus Senecas *De clementia* hervorgeht, im Sinne unseres »Nach mir die Sintflut« allgemein als Schlüsselwort für Menschenhaß und Menschenverachtung galt. Sie gipfelt in der Szene, die bis heute jedermann bekannt ist, der den Namen Nero kennt: der Kaiser, der angesichts des brennenden Rom im Theaterkostüm den Fall Trojas besingt. Auch hier hat unsere Zeit ein vertieftes Verständnis in den Symbolgehalt dieser Szene einzubringen; das konträre Verhältnis von Ästhetizismus und Moral ist ein Thema, das höchste Aktualität erlangt hat.

Zu den ungeheuren Verbrechen, die aufs Schuldkonto des Kaisers gehen, treffen Rom noch Katastrophen anderer Art: die Pest sowie militärische Niederlagen (Kap. 39). Hier wirkt die bei Tacitus vorgetragene Auffassung vom Zorn der Götter gegen Rom, die nicht nur tatenlos dem Wüten des Kaisers zusehen, sondern selbst noch Unheil schicken (ann. 16,16). Um dieses Gesichtspunktes willen hat Sueton die militärischen Rückschläge, die alsbald wieder wettgemacht wurden und zum Teil nur episodischen Charakter trugen, zu großen Katastrophen erhoben. Im folgenden will Sueton ein Bild von der allgemeinen Stimmung in Rom geben. Die Spott- und Schmähverse sind ihrem Inhalt nach nicht aus der letzten Lebenszeit Neros – bei Cassius Dio folgen sie unmittelbar auf den Muttermord –;

aber indem Sueton sie hierher setzt, macht er dem Leser
deutlich, daß jetzt auch das Volk, das der Kaiser so lange
durch *panem et circenses* noch auf seiner Seite gehalten
hat, seines Regimentes überdrüssig ist. Die Langmut Neros
gegenüber den Spottversen findet Sueton keineswegs lo-
benswert; es ist nicht die Tugend der *civilitas*, wie sie ein
Augustus übte, der zwar auch keine Strafverfolgung einleitete, aber doch dazu Stellung nahm (Suet. Aug. 55 f.),
es ist die absolute Menschenverachtung, die nicht einmal
auf den bloßen Schein eines guten Rufes bedacht ist. Sueton
zieht jedoch auch die Möglichkeit in Betracht, daß Nero
kein Öl ins Feuer gießen wollte (Kap. 39). Dies zeigt wieder den kompositorischen Wert der Spottverse: Sie sollen
den verdüsterten Horizont in Rom symbolisieren, an dem
sich bereits die große Peripetie abzeichnet. Mit Kapitel 40
beginnt der letzte Teil der Biographie, der Fall und der
Tod des Helden. Hier erhebt sich Sueton zu großer künst-
lerischer Gestaltungskraft. Er schildert packend und ein-
dringlich den Umschwung im Leben des Kaisers, der in
blindem Selbstvertrauen (*tanta fiducia*, Kap. 40) wie die
Helden der griechischen Tragödie und die Könige Herodots
die Sehersprüche und Vorzeichen mißachtet oder fälschlich
zu seinen Gunsten deutet. Die merkwürdige Passivität des
vom Glück Verwöhnten angesichts der nahenden Katastro-
phe erinnert ebenfalls an die von Ate, von gottgesandter
Verblendung geschlagenen Tragödienhelden. Die einzelnen
Stadien des Untergangs, der Aufbruch aus dem Palast, der
nächtliche Ritt, der Aufenthalt im Landhaus, Neros dauern-
des Hinauszögern der Entscheidung, das als retardierendes
Moment erscheint, werden jeweils durch einen charakteristischen Ausspruch markiert. »Welch ein Künstler geht mit
mir zugrunde« ist heute noch sprichwörtlich.

Im Anschluß an die Bestattung folgt ein Resümee (Kap.
51–56), eine abschließende Betrachtung über das Äußere
des Kaisers, seine Haltung gegenüber der Religion und den
Wissenschaften und Künsten. Hier findet sich die vielbe-

achtete Stellungnahme Suetons zum dichterischen Schaffen
des Kaisers (Kap. 52), die in dieser persönlichen Form
nicht in den Ablauf der Erzählung gepaßt hätte. Mit dem
Hinweis auf die in der letzten Lebenszeit betriebene Eingeweideschau und ihre ungünstigen Ergebnisse leitet Sueton
wieder über zum Tode Neros und berichtet die Reaktion
des Volkes auf das Ende des Tyrannen.

Mit dieser Reaktion auf den Tod, die wir in den meisten
Viten Suetons finden, fällt noch einmal ein Schlaglicht auf
Leben und Regierung des Herrschers. Auf das feierliche
Grabgeleite des bereits zu Lebzeiten in göttliche Sphären
entrückten Augustus folgt als Kontrast beim Tode seines
Nachfolgers der wütende Aufschrei der Menge: »*Tiberius
in Tiberim!*«, und die Stimmung nach der Ermordung des
wahnwitzigen Caligula wird treffend dadurch gekenn-
zeichnet, daß es heißt, man habe gar nicht an den Tod
des Kaisers geglaubt, sondern die Nachricht für einen
seiner sadistischen Theatercoups gehalten. Die Liebe und
Verehrung, die Titus zuteil wurde, zeigt sich nach seinem
Ableben darin, daß die Senatoren herbeistürzen, noch ehe
die Kurie geöffnet ist, um mit ihrer Trauer zugleich ihre
Dankbarkeit gegenüber dem Hingeschiedenen auszudrücken.
Nicht ohne Bezug darauf wählt Sueton zum Ende des
Tyrannen Domitian das gleiche Bild: Die Senatoren eilen
zur Kurie – aber diesmal, um dem Toten ihre Verwün-
schungen nachzurufen, seine Porträtbüsten zu zertrümmern
und die *damnatio memoriae* zu beschließen.

Die Suetonsche Form der Biographie mit ihrer Einteilung
in Rubriken und ihrem Resümee hat die Geschichtsdarstel-
lung der Folgezeit entscheidend geprägt. Der Geschichtsschreiber Ammianus Marcellinus (330 – um 400) setzt einer-
seits das Werk des Tacitus fort, er bedient sich aber auch
der Gestaltungsmittel Suetons. Der erhaltene Teil seines
Werkes umfaßt die Jahre der Regierung der Kaiser Constan-
tinus II. und Julian bis zum Tode des Valens (378). In dieser
Zeit verlagert sich der Schwerpunkt von Rom an die Peripherie

des Reiches; die Reichsteilung durch Theodosius den Großen (379–395) bahnt sich an. Um seine Hauptgestalten aus dem zentrifugalen Spiel der geschichtlichen Kräfte herauszuheben, bringt Ammian jeweils nach dem Tode eines Kaisers eine knappe Würdigung in den Rubriken Suetons. Auch hier finden wir die ethischen Kategorien von Gut und Böse, die Scheidung in *virtutes* und *vitia*, besonders deutlich bei Constantius II. und Valentinian (vgl. Amm. Marc. 30,7,1). Die Prinzipatsideologie wird hier noch näher bestimmt: Julian, der Kaiser, unter dem Ammian als Offizier gedient hat, erhält eine besondere Würdigung. Er ist, so heißt es, dem Herrscherideal der Zeit von allen am nächsten gekommen, er hat alle Tugenden geübt, und nur wenige Fehler sind ihm anzulasten (vgl. Amm. Marc. 25,4).

Während Ammian taciteische und suetonische Elemente vereint, bedient sich die *Historia Augusta (Scriptores Historiae Augustae)* ausschließlich des suetonischen Genus der Biographie. Diesen Titel trägt eine Sammlung von Kaiserbiographien aus dem 4. Jahrhundert n. Chr., deren Verfasser sich nicht mit letzter Sicherheit bestimmen lassen. Ihre ausdrückliche Bezugnahme auf Sueton in Verbindung mit ihrer unterhaltenden, oft effektvollen Form der Darstellung zeigt, daß Sueton damals bereits für weite Kreise zum Vorbild für biographische Literatur geworden war. Wir verdanken dieser Sammlung eine für die Beurteilung Suetons wichtige Bemerkung, die besagt, daß Kaiser Commodus einen Leser der Suetonschen Caligulabiographie den wilden Tieren vorwerfen ließ (*Vita Commodi* 10). Dies spricht für das starke, verpflichtende Ethos des Suetonschen Werkes, das einem despotischen Herrscher wie dem entarteten Sohn Marc Aurels offenbar als lästige Anklage erschien. Wäre Sueton, wie ihn manche Kritiker der Neuzeit gesehen haben, nur ein gelehrter Stoffsammler und Antiquar gewesen, so hätte sich Commodus wohl kaum zu einer solchen Tat hinreißen lassen.

Ein Nachwirken Suetons ist auch bei den anderen Historikern der späteren Kaiserzeit zu spüren, in den Fragmenten des Marius Maximus (etwa 165–230), in den Kaiserbiographien des Aurelius Victor und dem Abriß der römischen Geschichte des Eutrop (beide 4. Jahrhundert). Auch die christlichen Biographen stehen unter seinem Einfluß, z. B. Hieronymus oder die Ambrosiusvita von dessen Sekretär Paulinus. Die bedeutendste Biographie des frühen Mittelalters, die *Vita Caroli Magni* des Einhard, hat Sueton zum Vorbild, und noch Petrarca schreibt in seiner Nachfolge die Werke *Res memorandae* und *De viris illustribus.*

Wenn wir uns nun erst dem Leben Suetons zuwenden, so findet dies seine Rechtfertigung darin, daß hier nicht das Leben zur *materia* für das Werk geworden ist, wie etwa bei Cicero, und daß das Werk auch nicht als Lehre unmittelbar mit dem Leben verbunden ist wie z. B. bei Quintilian. Vielmehr stehen bei Sueton die Gestalten seines Hauptwerkes beherrschend im Vordergrund und lassen den Biographen dahinter zurücktreten.

Was wissen wir nun vom Leben Suetons? Er ist, wie bereits gesagt, um 70/75 n. Chr. geboren; das Geburtsjahr ist aus dem 57. Kapitel der Nerovita wie aus *Domitian* Kap. 12 ungefähr zu erschließen. Nach einer neugefundenen Inschrift dürfte er in Hippo Regius (im heutigen Algerien) geboren sein. Seine dem Ritterstand angehörende Familie lebte jedoch wohl in Rom bzw. hatte dort Verbindungen, wie aus *Caligula* Kap. 19 hervorgeht. Danach hatte bereits der Großvater engen Kontakt zu Hofkreisen. Der Vater Suetonius Lenis kämpfte als Tribun in der Schlacht von Betriacum (69 n. Chr.) auf der Seite Kaiser Othos (Suet, Otho 10). Sueton begann seine Laufbahn wie üblich als Redner und Anwalt und trat dann in die Dienste des Hofes, erst bei Trajan, dann bei Hadrian, unter dem er zum Kabinettsekretär und Kanzleichef *(ab epistulis)* aufstieg. In dieser Funktion war er zuständig für die kaiserliche Korrespondenz, für Bittgesuche und den Schriftverkehr mit dem Ausland. Das Amt erlaubte ihm freien Zugang zu den Archiven, und da er ein leidenschaftlicher Sammler gelehrten Schrifttums war, verdanken wir ihm unschätzbare Nachrichten und Originalzitate, die uns sonst verloren wären. Seine historisch-antiquarischen Studien fanden an höchster Stelle Anklang; so berichtet er, daß Kaiser Hadrian eine von ihm entdeckte Augustusstatuette in seinem Schlafgemach aufgestellt habe (Suet. Aug. 7). Sueton gehörte mit Tacitus und Martial zum Freundeskreis des jüngeren Plinius, einer Art literarischem Zirkel. Aus den in liebenswürdig-freundschaftlichem Ton gehaltenen Briefen des Plinius tritt uns die zurückgezogen lebende Gelehrtenpersönlichkeit des Sueton lebendig vor Augen, am eindrucksvollsten im Brief 1,24, einem Empfehlungsschreiben des Plinius an Baebius Hispanus für seinen offenbar nicht sehr geschäftstüchtigen Freund, der ein ruhiges Plätzchen auf dem Land erwerben will (Plin. epist. 1,24). Plinius verschaffte Sueton auch, obwohl dieser kinderlos war, das begehrte *ius trium liberorum*, das sogenannte Dreikinderrecht, das besondere steuerliche und erbrechtliche Vorteile mit sich brachte. Daß Sueton diese Vergünstigung erhielt, spricht für seine Wertschätzung durch Trajan, der damit sehr sparsam war. Plinius fühlte sich auch veranlaßt, den stillen Gelehrten ein wenig anzutreiben; offenbar zögerte dieser die Herausgabe seiner Werke allzu lange hinaus.[10]

Neben seinem Hauptwerk, den Kaiserbiographien, ist uns von Sueton dem Titel nach eine Fülle von Sammelwerken und Spezialuntersuchungen bekannt. Von seinem biographischen Werk *De viris illustribus*, das Kurzviten von Dichtern, Rednern, Geschichtsschreibern und Grammatikern enthielt, sind Fragmente erhalten, so z. B. einer Vergil- und Horazvita.

Diese Vielzahl von Werken entstand teils neben seiner Arbeit als Hofbeamter, teils in den Jahren, die seiner Entlassung aus dem Amt folgten. Sueton geriet nämlich, wie wir aus der *Historia Augusta* erfahren (*Vita Hadriani* 11,3), im Jahre 121 aus uns unbekannten Gründen in das Netz einer Hofintrige um die Kaiserin Sabina. Der etwas unklare Hinweis deutet auf eine Verletzung der Hofetikette, möglich ist jedoch auch, daß Suetons Entlassung infolge einer Auswechslung bestimmter Gruppen der Beamtenschaft erfolgte. Suetons Schicksal teilte auch sein Freund und Gönner, der Gardepräfekt Septicius Clarus, dem Sueton im Jahre 120 seine Kaiserbiographien gewidmet hat (Anfang und Widmung sind verloren). Auch die Briefsammlung des Plinius ist ihm gewidmet.

Zu Anfang der Regierung des Kaisers Antoninus Pius (138 bis 161) wird Sueton noch einmal erwähnt, und zwar in dem Briefcorpus, das die Korrespondenz des Redners und Redelehrers Fronto mit seinem Schüler, dem späteren Kaiser Marc Aurel, enthält. Die Echtheit ist umstritten, jedoch mag man danach Suetons Lebensende gegen das Jahr 150 ansetzen.

Werfen wir zum Abschluß noch einen Blick auf Suetons Stil. Die Kunstprosa der trajanisch-hadrianischen Zeit ist von zwei divergierenden Strömungen bestimmt: dem Archaismus, der durch einen – oft übertriebenen – Rückgriff auf das Alte die Sprache erneuern wollte, und dem vom Griechischen her (sogenannte zweite Sophistik) beeinflußten neuen Asianismus, der zu barock-ausladender, schwülstiger Redeweise führte. Zwischen beiden sucht eine klassizistische Richtung zu vermitteln, der vor allem Quintilian zuzurechnen ist. Auch Sueton vertritt diesen bewußt schlichten, ungekünstelten Stil, der sich von jeder Manieriertheit fernhält. Übersichtlichkeit in Sprache und Gestaltung ist sein oberstes Prinzip: Das Rubrikenschema, das einen raschen Überblick gewährleisten soll, setzt sich bis in den Aufbau der einzelnen Kapitel fort, die jeweils mit einem Stichwort eingeleitet werden, so z. B. Kap. 11: Spectaculorum,

14: Consulatus, 22: Equorum studio, 34: Matrem, 36: Saevitia. Es gehört zu den Eigentümlichkeiten des Suetonschen
Stils, daß fast alle Hauptsätze so konstruiert sind, daß
der Kaiser zum grammatischen oder logischen Subjekt wird.
Wo dies der sachlichen Richtigkeit wegen nicht möglich
ist, wird eine oftmals gewaltsame Verknüpfung vorgenommen (vgl. Kap. 17,1). Auch der Satzbau steht im Dienst
der literarischen Idee; besonders deutlich wird dies an Kap.
19,2: Die Durchstechung des Isthmus von Korinth wird zur
»Schau«; nicht die historisch bedeutsame Tatsache als solche
steht im Vordergrund, sondern der Kaiser, der selbst den
ersten Spatenstich tut und die Erde in einem Korb weg-
trägt. So erscheint der Kaiser auch durch die sprachlichen
Mittel als der alleinige Träger der Handlung.

Marion Giebel

Anmerkungen zum Nachwort

1 Tac. hist. 1,16,1:
Si immensum imperii corpus stare ac librari sine rectore posset, dignus eram a quo res publica inciperet: nunc eo necessitatis iam pridem ventum est, ut nec mea senectus conferre plus populo Romano possit quam bonum successorem, nec tua plus iuventa quam bonum principem.
[Rede des Kaisers Galba an seinen Adoptivsohn Piso:] Wenn der gewaltige Körper des Reiches ohne einen Lenker stehen und sich im Gleichgewicht halten könnte, dann wäre es nur recht, wenn mit mir die Republik wiederbegänne. Nun sind wir aber schon längst in eine solche Zwangslage gekommen, daß ich in meinem Alter dem römischen Volk nichts Besseres verschaffen kann als einen guten Nachfolger, und du kannst in deiner Jugend nichts Besseres bieten, als ein guter Prinzeps zu sein.

2 Tac. ann. 3,65; 16,16; hist. 1,3,1:
Praecipuum munus annalium reor ne virtutes sileantur utque pravis dictis factisque ex posteritate et infamia metus sit.
Ich möchte die Hauptaufgabe der *Annalen* darin sehen, dafür zu sorgen, daß das Gute nicht totgeschwiegen wird und das Böse in Wort und Tat vor üblem Nachruhm zu zittern hat.
Neque aliam defensionem ab iis quibus ista noscentur exegerim, quam ne oderim tam segniter pereuntis. Ira illa numinum in res Romanas fuit, quam non, ut in cladibus exercituum aut captivitate urbium, semel edito transire licet. Detur hoc inlustrium virorum posteritati, ut quo modo exequiis a promisca sepultura separantur, ita in traditione supremorum accipiant habeantque propriam memoriam.
Ich habe keine andere Entschuldigung meinen Lesern gegenüber als dies: Man soll nicht verlangen, daß ich diese wehrlos in den Tod Gehenden gar noch hassen soll. Der Zorn der Götter gegen Rom war daran schuld, und über diesen kann man nicht wie über verlorene Schlachten oder eroberte Städte mit einmaliger Erwähnung hinweggehen. Es sei den Nachkommen dieser angesehenen Männer vergönnt, daß diese auch in der geschichtlichen Überlieferung ein besonderes Andenken erhalten, so wie sie ja auch eine Leichenfeier hatten, die sich von gewöhnlichen Begräbnissen unterscheidet.

Non tamen adeo virtutum sterile saeculum, ut non et bona exempla prodiderit.

Trotz allem war diese Zeit kein so völlig unfruchtbarer Boden für Menschlichkeit, daß sie nicht auch edle Beispiele hervorgebracht hätte.

3 Tac. Agr. 3,1; hist. 1,1,4; 1,16,1:

Nunc demum redit animus; et quamquam primo statim beatissimi saeculi ortu Nerva Caesar res olim dissociabiles miscuerit, principatum ac libertatem, augeatque cotidie felicitatem temporum Nerva Trajanus, nec spem modo ac votum securitas publica sed ipsius voti fiduciam ac robur assumpserit, natura tamen infirmitatis humanae tardiora sunt remedia quam mala.

Jetzt endlich kehrt das Aufatmen zurück; sicherlich hat zu Beginn dieses neuen so überaus glücklichen Zeitalters Kaiser Nerva die ehemals unvereinbaren Begriffe Prinzipat und Freiheit zusammengefügt, und Trajan mehrt täglich das neue Glück und läßt den Wünschen und Hoffnungen der Menschen Festigkeit und Zuversicht erwachsen. Dennoch aber wirken bei der Schwäche der menschlichen Natur die Heilmittel langsamer als die Schläge, die man ihr zufügt.

Rara temporum felicitate, ubi sentire quae velis et quae sentias dicere licet.

Die glücklichen Zeiten sind ja selten, in denen man denken darf, was man will, und sagen, was man denkt.

Sub Tiberio et Gaio et Claudio unius familiae quasi hereditas fuimus: loco libertatis erit quod eligi coepimus; et finita Iuliorum Claudiorumque domo optimum quemque adoptio inveniet.

Unter Tiberius, Gaius [Caligula] und Claudius waren wir sozusagen erblicher Besitz einer einzigen Familie; anstelle der Freiheit soll nun die Tatsache treten, daß mit uns das Wahlprinzip seinen Anfang genommen hat. Nach dem Erlöschen des julisch-claudischen Hauses wird nun jeweils durch Adoption der Beste gefunden werden.

4 Suet. Dom. 23,2:

Pro certoque habuisse beatiorem post se laetioremque portendi rei publicae statum, sicut sane brevi evenit abstinentia et moderatione insequentium principum.

[Domitian] sei selbst überzeugt gewesen, dieser Traum zeige an, daß nach ihm der Zustand des Staates glücklicher und erfreu-

licher sein werde, wie das auch unmittelbar darauf durch die
Selbstdisziplin und Mäßigung der folgenden Herrscher Wirklichkeit geworden ist.

5 Marc Aurel, *In semetipsum* 1,14:

[...] γνῶναι Θρασέαν, Ἑλβίδιον, Κάτωνα, Δίωνα, Βροῦ-
τον, καὶ φαντασίαν λαβεῖν πολιτείας ἰσονόμου κατ'
ἰσότητα καὶ ἰσηγορίαν διοικουμένης καὶ βασιλείας
τιμώσης πάντων μάλιστα τὴν ἐλευθερίαν τῶν ἀρχο-
μένων.

[Meinem Bruder Severus verdanke ich es,] daß ich Männer
kennenlernte wie einen Thrasea, Helvidius, Cato, Dio, Brutus
und daß ich die Vorstellung eines Staatswesens mit bürgerlichen
Rechten und Freiheiten bekam, das auf der Gleichheit der Bürger
und der allgemeinen Redefreiheit aufbaut, sowie einer Monarchie,
in der die Freiheit der Bürger der oberste Grundsatz ist.

6 Suet. Aug. 9:

Proposita vitae eius velut summa partes singillatim neque per
tempora sed per species exequar, quo distinctius demonstrari
cognoscique possint.

Nachdem ich nun gewissermaßen einen Überblick über sein Leben im Ganzen gegeben habe, will ich die Abschnitte einzeln
durchgehen, aber nicht der zeitlichen Abfolge nach, sondern in
Rubriken eingeteilt, damit sich alles um so deutlicher aufzeigen
und erkennen läßt.

7 Suet. Aug. 61,1:

Quoniam qualis in imperis ac magistratibus regendaque per
terrarum orbem pace belloque re p. fuerit, exposui, referam
nunc interiorem ac familiarem eius vitam quibusque moribus
atque fortuna domi et inter suos egerit a iuventa usque ad
supremum vitae diem.

Da ich nun ausgeführt habe, wie er als Feldherr und Beamter
den Staat in Krieg und Frieden auf dem ganzen Erdkreis ge-
lenkt hat, will ich jetzt von seinem Privat- und Familienleben
berichten und erzählen, welche Sitten und Gewohnheiten er
hatte und unter welchen glücklichen und unglücklichen Umständen er daheim und mit den Seinen von seiner Jugend bis zu seinem
letzten Lebenstag gelebt hat.

8 Plut. Alex. 1; Corn. Nep. Pel. 1:

Τὸν Ἀλεξάνδρου τοῦ βασιλέως βίον καὶ τοῦ Καί-
σαρος, ὑφ' οὗ κατελύθη Πομπήιος, ἐν τούτῳ τῷ

βιβλίῳ γράφοντες, διὰ τὸ πλῆθος τῶν ὑποκειμένων
πράξεων οὐδὲν ἄλλο προεροῦμεν ἢ παραιτησόμεθα τοὺς
ἀναγινώσκοντας, ἐὰν μὴ πάντα μηδὲ καθ' ἕκαστον
ἐξειργασμένως τι τῶν περιβοήτων ἀπαγγέλλωμεν, ἀλλὰ
ἐπιτέμνοντες τὰ πλεῖστα, μὴ συκοφαντεῖν. Οὔτε γὰρ
ἱστορίας γράφομεν, ἀλλὰ βίους, οὔτε ταῖς ἐπιφανεστά-
ταις πράξεσι πάντως ἔνεστι δήλωσις ἀρετῆς ἢ κακίας,
ἀλλὰ πρᾶγμα βραχὺ πολλάκις καὶ ῥῆμα καὶ παιδιά τις
ἔμφασιν ἤθους ἐποίησε μᾶλλον ἢ μάχαι μυριόνεκροι καὶ
παρατάξεις αἱ μέγισται καὶ πολιορκίαι πόλεων. Ὥσπερ
οὖν οἱ ζωγράφοι τὰς ὁμοιότητας ἀπὸ τοῦ προσώπου καὶ
τῶν περὶ τὴν ὄψιν εἰδῶν, οἷς ἐμφαίνεται τὸ ἦθος, ἀνα-
λαμβάνουσιν, ἐλάχιστα τῶν λοιπῶν μερῶν φροντίζοντες,
οὕτως ἡμῖν δοτέον εἰς τὰ τῆς ψυχῆς σημεῖα μᾶλλον ἐν-
δύεσθαι καὶ διὰ τούτων εἰδοποιεῖν τὸν ἑκάστου βίον,
ἐάσαντας ἑτέροις τὰ μεγέθη καὶ τοὺς ἀγῶνας.

Das Leben des Königs Alexander und das des Caesar, der den
Pompeius gestürzt hat, möchte ich in diesem Buch darstellen,
und wegen der Fülle des vorliegenden Materials will ich nichts
weiter vorausschicken als die Bitte an meine Leser, es mir nicht
übel zu nehmen, wenn ich die Ruhmestaten nicht sämtlich eine
nach der anderen ausführlich darstelle, sondern das meiste nur
kurz streife. Denn ich bin nicht Geschichtsschreiber, sondern
Biograph, und es sind durchaus nicht die großen Heldentaten,
in denen sich Gut und Böse offenbart. Oft sagt ein unbedeu-
tender Vorfall, ein Ausspruch oder ein Scherz mehr über den
Charakter eines Menschen aus als die blutigsten Schlachten, die
riesigsten Heeresaufgebote und die Belagerungen von Städten.
Die Porträtmaler suchen die Ähnlichkeit aus dem Gesicht und
den Zügen um die Augen zu gewinnen, in denen sich der Charakter darstellt, und schenken den übrigen Teilen des Körpers
weniger Aufmerksamkeit. Ebenso muß man es auch mir gestat-
ten, daß ich mich mehr mit den kennzeichnenden seelischen Zügen
befasse und daraus das Lebensbild eines jeden zeichne. Die großen
Heldentaten und Schlachten aber überlasse ich anderen.

Vereor, si res explicere incipiam, ne non vitam eius enarrare
sed historiam videar scribere.

Ich fürchte, wenn ich damit anfange, alles einzeln darzustellen,
daß ich dann keine Lebensbeschreibung, sondern einen historischen Abriß verfasse.

9 Suet. Aug. 31,5:

Professus edicto commentum id se, ut ad illorum velut exemplar et ipse, dum viveret, et insequentium aetatium principes exigerentur a civibus.

Er gab durch ein Edikt bekannt, seine Absicht hierbei sei gewesen, daß die Bürger an dem Vorbild dieser großen Männer [aus Roms Vergangenheit] einen Maßstab hätten, an dem sie sowohl ihn, solange er lebe, als auch die Herrscher der kommenden Generationen messen könnten.

10 Plin. epist. 5,10:

Libera tandem hendecasyllaborum meorum fidem, qui scripta tua communibus amicis spoponderunt. Adpellantur cotidie, efflagitantur, ac iam periculum est, ne cogantur ad exhibendum formulam accipere. Sum et ipse in edendo haesitator, tu tamen meam quoque cunctationem tarditatemque vicisti. Proinde aut rumpe moras aut cave, ne eosdem istos libellos, quos tibi hendecasyllabi nostri blanditiis elicere non possunt, convicio scazontes extorqueant. Perfectum opus absolutumque est nec iam splendescit lima, sed atteritur. Patere me videre titulum tuum, patere audire describi, legi, venire volumina Tranquilli mei. Aequum est nos in amore tam mutuo eandem percipere ex te voluptatem, qua tu perfrueris ex nobis.

Löse doch nun endlich das Versprechen ein, das ich in meinen Verschen gegeben habe, daß du nämlich deine Werke unseren gemeinsamen Freunden zugänglich machen würdest. Tag für Tag mahnt und fordert man sie an, und du läufst jetzt Gefahr, daß man sie gerichtlich einklagen wird. Ich lasse mir ja auch sehr viel Zeit beim Veröffentlichen, aber du stellst mein Hinauszögern und meine Langsamkeit noch weit in den Schatten. Laß jetzt also deine Bedenklichkeit, und sei auf der Hut, daß dir deine Bücher, die dir meine Schmeichelverse nicht entlocken konnten, nun nicht mit Schimpf- und Spottversen abgerungen werden. Das Werk ist fertig und vollendet, und weiteres Feilen kann es nicht besser, sondern nur schlechter machen. Gönne mir doch die Freude, daß ich den Buchtitel mit deinem Namen zu Gesicht bekomme, daß ich höre, das Werk meines Sueton wird abgeschrieben, gelesen und verkauft! So wie wir zueinander stehen, ist es nur recht und billig, daß du mir dieselbe Freude machst, die ich dir bereitet habe.

Literaturhinweise

Der Text beruht auf der Ausgabe:

C. Suetonius Tranquillus Opera. Vol. 1: De vita Caesarum libri VIII. Hrsg. von M. Ihm. Stuttgart: Teubner, 1958. (Nachdr. der Ausg. Leipzig 1908/1933.) Neudr. Leipzig: Teubner, 1993 [jetzt Saur Verlag, München].

Weitere Ausgaben, Übersetzungen und Kommentare, Bibliographie

Sueton: Caesarenleben. Hrsg. von M. Heinemann. Stuttgart: Kröner, 1961.

C. Suetonius Tranquillus: Sämtliche erhaltene Werke. Nach der Übers. von A. Stahr und J. Sarrazin, neu bearb. und komm. von G. Waldherr und F. Schön. Stuttgart: Phaidon Verlag, 1987.

C. Suetonius Tranquillus: Die Kaiserviten / De vita Caesarum. Berühmte Männer / De viris illustribus. Lat./Dt. Hrsg. und übers. von H. Martinet. Düsseldorf / Zürich: Artemis & Winkler, 1997.

Sueton: Kaiserbiographien. Lat./Dt. Hrsg. und übers. von O. Wittstock. Berlin: Akademie Verlag, 1993.

Sueton: Augustus. Lat./Dt. Übers. und hrsg. von D. Schmitz. Stuttgart: Reclam, 1988.

Sueton: Vespasian, Titus, Domitian. Lat./Dt. Übers. und hrsg. von H. Martinet. Stuttgart: Reclam, 1991.

Sueton: Caesar. Lat./Dt. Übers. und hrsg. von D. Schmitz. Stuttgart: Reclam, 1999.

Sueton: Leben des Claudius und Nero. Textausg. mit Einl., kritischem Apparat und Kommentar. Hrsg. von W. Kierdorf. Paderborn: Schöningh, 1992.

Bradley, K. R.: Suetonius' Life of Nero. An Historical Commentary. Brüssel: Ed. Latomus, 1978.

Galand-Hallyn, P.: Bibliographie suétonienne (Les ›Vies des XII Césars‹) 1950–1988: Vers une réhabilitation. In: Aufstieg und Niedergang der römischen Welt (ANRW). Hrsg. von H. Temporini und W. Haase. Bd. II 33,5. Berlin / New York: de Gruyter, 1991. Sp. 3576–3622.

Hilfsmittel

Gerstmann, D.: Bibliographie: Lateinunterricht. Lateinische Autoren: Sekundärliteratur. Werkausgaben. Kommentare und Übersetzungen. Paderborn 1997.

Müller, A. / Schauer, M.: Bibliographie für den Lateinunterricht. Clavis Didactica Latina. Bamberg 1994.

Geschichte und Literaturgeschichte

Albrecht, M. v.: Geschichte der römischen Literatur. Bd. 2. München ²1994.

Fuhrmann, M.: Geschichte der römischen Literatur. Stuttgart 1999.

Kißel, W. (Hrsg.): Die römische Literatur in Text und Darstellung. Bd. 4: Kaiserzeit I. Stuttgart 1985.

Christ, K.: Geschichte der römischen Kaiserzeit. München 1992.

Clauss, M. (Hrsg.): Die römischen Kaiser. 55 historische Porträts von Caesar bis Justinian. München 1997.

Demandt, A.: Das Privatleben der römischen Kaiser. München 1996.

König, I.: Der römische Staat II: Die Kaiserzeit. Stuttgart 1997.

– Kleine römische Geschichte. Stuttgart 2001.

Sekundärliteratur

Abramenko, A.: Zeitkritik bei Sueton. Zur Datierung der Vitae Caesarum. In: Hermes 122 (1994) S. 80–94.

Baldwin, B.: Sueton. The Biographer of the Caesars. Amsterdam 1983.

Bradley, K. R.: The Imperial Ideal in Suetonius ›Caesares‹. In: ANRW II 33,5 (1991) Sp. 3701–32.

Charlesworth, M. P.: Nero. Some Aspects. In: The Journal of Roman Studies 40 (1950) S. 69–76.

Dihle, A.: W. Steidle, Sueton und die antike Biographie. In: Göttingische Gelehrte Anzeigen. Bd. 208 (1954) S. 45–55.

– Die Entstehung der historischen Biographie. Heidelberg 1987.

Flach, D.: Zum Quellenwert der Kaiserbiographien Suetons. In: Gymnasium 79 (1972) S. 273–289.

Frings, U.: Neros Tod. Sueton, Nero 47–49. In: Anregung 31 (1985)
    S. 229–238.

Fuhrmann, M.: Seneca und Kaiser Nero. Berlin 1997.

Gascou, J.: Suétone historien. Paris 1984.

Giebel, M.: Seneca. Reinbek 1997. (Rowohlts Monographien.)

Grant, M.: Nero. Despot, Tyrann, Künstler. Übers. von H. Fliess-
    bach. München 1978.

Griffin, M. T.: Nero. The End of a Dynasty. London 1984.

Gugel, H.: Caesars Tod (Sueton, Div. Jul. 81, 4–82,3). Aspekte zur
    Darstellungskunst und zum Caesarbild Suetons. In: Gymnasium
    77 (1970) S. 5–22.

– Studien zur biographischen Technik Suetons. Wien / Köln / Graz
    1977.

Hanslik, R.: Die Augustusvita Suetons. In: Wiener Studien 67
    (1954) S. 99–144.

Heil, M.: Die orientalische Außenpolitik des Kaisers Nero.
    München 1997.

Heinz, K.: Das Bild Kaiser Neros bei Seneca, Tacitus, Sueton und
    Cassius Dio. Diss. Bern 1946.

Henderson, B.: The Life and Principate of the Emperor Nero. Lon-
    don 1968.

Lambrecht, U.: Herrscherbild und Prinzipatsidee in Suetons Kaiser-
    biographien. Untersuchungen zur Caesar- und Augustusvita.
    Diss. Bonn 1984.

Leo, F.: Die griechisch-römische Biographie nach ihrer litterari-
    schen Form. Leipzig 1901.

Lewis, R. G.: Suetons ›Caesares‹ and their Literary Antecedents. In:
    ANRW II 33,5 (1991) Sp. 3623–74.

Lounsbury, R. C.: *Inter quos et Sporus erat*: The Making of Sueto-
    nius' ›Nero‹. In: ANRW II 33,5 (1991) Sp. 3748–79.

Macé, A.: Essai sur Suétone. Paris 1900.

Malitz, J.: Nero. München 1999.

Martini, F.: Der Tod Neros. Suetonius, Anton Ulrich von Braun-
    schweig, Sigmund von Birken oder: Erzählerische Fiktion und
    Stil der frühen Aufklärung. Stuttgart 1974.

Mouchová, B.: Studie zu Kaiserbiographien Suetons. Prag 1968.

Paratore, E.: Claude et Néron chez Suétone. In: Rivista di Cultura
    Classica e Medievale 1 (1959) S. 326–341.

Peter, H.: Die geschichtliche Litteratur über die römische Kaiserzeit
    bis Theodosius I. und ihre Quellen. Leipzig 1897.

Rudich, V.: Political Dissidence under Nero: the Price of Dissimula-
tion. London / New York 1993.

Sallmann, K.: Sueton. Das interessante Privatleben der Kaiser. In:
Klassische Autoren der Antike. Hrsg. von B. Kytzler. Frank-
furt a. M. / Leipzig 1992. S. 428–437.

Scherberich, K.: Sueton. Hildesheim 1999.

Schur, W.: Die Orientpolitik des Kaisers Nero. Leipzig 1923.

Smallwood, E. M.: Documents Illustrating the Principates of Gaius,
Claudius and Nero. Cambridge 1967.

Steidle, W.: Sueton und die antike Biographie. München 1951.
²1963.

Syme, R.: Biographers of the Caesars. In: Museum Helveticum 37
(1980) S. 104–128.

– The Travels of Suetonius Tranquillus. In: Hermes 109 (1981)
S. 105–117.

Townend, G. B.: The Hippo Inscription and the Career of Suetonius. In: Historia 10 (1961) S. 99–109.

– Suetonius and His Influence. In: T. A. Dorey (Hrsg.): Latin Bio-
graphy. London 1967. S. 79–111.

Wallace-Hadrill, A.: Suetonius. The Scholar and his Caesars. London 1983.

Warmington, B. H.: Nero. Reality and Legend. London 1969.

Inhalt